HANGSANJIAO DIQU ZHIZAOYE
HUANYEHUA YU JIJU YANBIAN YANJIU

U0514562

长三角地区制造业专业化与集聚演变研究

康江江 著

中国财经出版传媒集团
经济科学出版社
Economic Science Press

图书在版编目（CIP）数据

长三角地区制造业专业化与集聚演变研究／康江江
著 . -- 北京：经济科学出版社，2022. 8
ISBN 978 - 7 - 5218 - 3990 - 6

Ⅰ.①长… Ⅱ.①康… Ⅲ.①长江三角洲 - 制造工业
- 产业集群 - 研究 Ⅳ.①F426.4

中国版本图书馆 CIP 数据核字（2022）第 161393 号

责任编辑：张　蕾
责任校对：王京宁
责任印制：邱　天

长三角地区制造业专业化与集聚演变研究

康江江　著

经济科学出版社出版、发行　新华书店经销

社址：北京市海淀区阜成路甲 28 号　邮编：100142

编辑工作室电话：010 - 88191375　发行部电话：010 - 88191522

网址：www. esp. com. cn

电子邮箱：esp@ esp. com. cn

天猫网店：经济科学出版社旗舰店

网址：http：//jjkxcbs. tmall. com

北京季蜂印刷有限公司印装

710 × 1000　16 开　11 印张　220000 字

2022 年 11 月第 1 版　2022 年 11 月第 1 次印刷

ISBN 978 - 7 - 5218 - 3990 - 6　定价：79.00 元

（图书出现印装问题，本社负责调换。电话：010 - 88191510）

（版权所有　侵权必究　打击盗版　举报热线：010 - 88191661

QQ：2242791300　营销中心电话：010 - 88191537

电子邮箱：dbts@ esp. com. cn）

前　言

　　在全球制造业由发达国家和地区向发展中国家和地区发生转移的背景下，生产重心逐渐集中到全球新兴区域内的主要城市群地区及其周边地区。随着经济全球化的不断深入，与世界紧密联系的新兴城市群地区受全球跨国资本的影响最大，成为了新兴区域与世界联系的"窗口"。就中国而言，伴随中国市场经济体制改革与对外开放的不断深入，沿海地区逐渐成为与全球联系的主要阵地，尤其是我国沿海的三大城市群地区，不仅承接了大量的全球制造业转移，同时成长为全球具有重要地位的城市群地区。这些城市群地区不仅参与全球的产业分工，推动全球资源的重新配置，同时，地区内部也发生着产业空间的重构，推动着地区内部产业分工的深入。因此，在更精细的区域分工基础上的制造业专业化和集聚已经形成。无论是在学术上还是在实践上，人们都越来越关心在全球分工中如何划分地域空间，以及为什么在新兴经济体的大城市群地区中随着时间推移重新配置地区制造业专业化和产业集聚。

　　基于上述研究背景分析，本书将立足于理论构建和实证检验相结合，从分析制造业的地区专业化与集聚视角对长三角地区制造业演变进行更加深入的研究。本书共分为八章内容来展开分析。其中，前两章为背景问题、文献回顾以及研究理论框架的搭建，形成了由地方化、城市化与全球化组成的影响地区制造业专业化和集聚的解释框架。第三章介绍了本书研究区域、数据基本情况以及具体研究方法。第四章到第六章主要研究了长三角地区制造业的专业化和集聚时空特征，同时利用具体的计量模型来检验地方化、城市化与全球化要素对制造业专业化和集聚的影响。第七章则以长三角地区四个典型性行业为例，分析了地方化、城市化与全球化要素对代表性主导行业地区专业化集聚的影响。最后一章为本书的结论和展望。通过研究发现，本书的主要结论如下：

（1）制造业专业化特征在空间上呈现出外围城市化地区专业化指数高，而核心城市化地区专业化指数低的特征。同时，制造业主要集聚在以城市群为主导的"Z"字型工业走廊，且呈现出了进一步强化趋势。这就表明那些外围城市化地区的县域可能面临着产业结构单一、抗击市场风险能力较弱的发展现状。而核心城市化地区则呈现出多类型制造业共同集聚的特征，导致整个地区制造业的发展具有较强的空间差异性。

（2）计量模型估计结果证实了地方化、城市化与全球化要素的作用，并发现地方化要素、城市化要素与全球化要素对制造业专业化和集聚均会产生显著影响。地方化要素变量会对专业化和集聚产生差异性的作用；而城市化要素则可以促进县域制造业集聚，但是对县域专业化的影响确是负向的；全球化要素则对制造业的专业化和集聚的影响均呈现出双向性。

（3）以纺织业、通用设备制造业、汽车制造业以及电子信息制造业为案例进行分析，发现这些行业的产值规模在不断增加，但是就业趋势却以2010年为拐点明显呈现出先增加后下降趋势。实证模型同样证实了地方化要素、城市化要素与全球化要素会显著影响案例行业的专业化集聚，具体的作用方向会因行业的差异导致结果产生差异。

本书基于实证分析结果提出了推进长三角地区制造业专业化、产业集聚以及具体行业专业化集聚的一些对策建议。同时，针对本书存在的一些不足之处，从行业细分、尺度多元以及制造业地区专业化和集聚对企业效益或地区经济增长的影响等方面提出未来深入研究的方向。

本书是在笔者攻读华东师范大学人文地理学博士学位论文的基础上修改而成的。本书主要是从产业视角来透视长三角地区内部的产业分工与集聚发展，从理论上构建包括地方发展要素、城市化要素与全球化要素组成的理论框架来揭示地区制造业专业化与集聚演变的机制，并在此指导下展开实在分析，然后提出具体的对策建议。总之，本书对于研究长三角地区的产业分工与协同发展具有一定价值，研究内容不仅在学术上可以为相关学者的研究提供参考，同时面向国家和地区的现实需求，具有较高的学术和应用价值。

目 录
Contents

|第一章|

引　言

随着经济全球化的发展与中国对外开放水平不断深入，大量的外资与本土制造业企业向中国沿海地区集聚。同时，东部沿海地区由于对外联系方便，成为了制造业的主要集聚区，而中西部地区的制造业发展则相对落后，重塑了中国经济地理格局。在这种背景下，那些与世界其他城市或地区联系紧密的沿海城市群地区，逐渐成长为中国制造业的集聚中心，参与全球生产与分工。同时随着城镇化进程的不断推进，由于这些地区内部经济发达且城市联系紧密，逐渐演变为全球重要的城市群地区。城市群地区在参与全球生产过程中，内部的产业结构差异与产业空间布局也在发生变化，同时其形成机理也值得深入剖析。

第一节　研究背景与问题的提出

一、研究背景

1. 经济全球化与中国的市场经济改革

第二次世界大战以来，随着信息通信技术快速发展和交通运输成本的显著下降，促进了生产区位的全球布局，增强了世界各地之间的产业联系。同时，在新国际劳动分工的影响下，劳动力成本的地域差异更是加速了地区产业发展的不均衡性，促进了制造业的国际转移（宁越敏，1997）。在此背景下，跨国公司为了在全球获得最佳生产区位，纷纷将生产环节转移到本土之外的区域，以降低生产成本、占领市场为目的，进而实现生产效率的最大化。自20世纪50年代以来，得益于世界经济的一体化发展，全球制造业的转移经历了由美国将其纺织业转向日本，然后由美、西欧、日本将劳动密集型制造业转向"亚洲四小龙"，再由"亚洲四小龙"将劳动密集型制造业转向中国和东南亚等地的多次转移过程，塑造和重塑了全球的制造业生产地理格局（潘悦，2006）。随着发达国家不断将本国一般制造业转移到发展中国家和地区，同时本国大力发展高级生产性服务业和高技术制造业，逐渐形成了发达国家的"去制造业"和发展中国家的"工业化"两种不同的地理现象，促进了制造业向全球多个地区扩散。

然而，从制造业的全球布局来看，制造业并未呈现出分散性的地理分布格局，而是越来越集中到了少数新兴国家和地区，并形成了全球具有代表性的制造业生产集聚中心，主要以中国、东南亚与印度等国家或地区为代表。例如，中国具有人力成本优势，在参与全球分工中主要以劳动密集型制造业为主（宁越敏和杨传开，2019）。具体而言，以苹果手机零部件在中国的生产为例，很多零部件生产企业主要集聚在长三角、珠三角以及京津冀等地区，主要生产一般价值含量的零部件，而且由于生产产品的分工差异，形成了一定的区域分工体系（康江江、张凡和宁越敏，2019）。总体看来，生产重心主要集中到了全球新兴国家的主要城市群及其周边地区。随着经济全球化的不断深入，与世界紧密联系的新兴城市群地区受全球跨国资本的影响最大，成为了新兴区域与世界联系的"窗口"。

1978 年以来，我国逐步确立了社会主义市场经济为主导的经济发展模式，同时中央政府逐渐放开了对地方经济发展模式的干预，全球化、市场化以及分权化的过程大大促进了中国经济的增长，同时在全球化、地方化以及区域化的作用下，我国的产业空间结构也被不断重塑（Wei，2001；Zhu and He，2013）。随着改革开放的不断深入，从最初的 16 个沿海开放城市到沿海经济开发区、经济特区、上海浦东新区，逐渐构建出了中国沿海地区自南到北的对外开放前沿地带。再到 1992 年的长江沿岸城市、东北、新安和西北地区的地市开放，最终形成了由点到面的全方位对外开放格局（李建新，2019）。

伴随中国全面参与经济全球化，那些与全球紧密联系的城市群地区深度参与到了全球的生产分工当中。在制造业由发达国家或地区向发展中国家或地区发生转移的背景下，由于中国沿海地区的先天优势和产业基础优势，最先承接了发达国家或地区的生产转移，成为了我国制造业的集聚中心（吴三忙和李善同，2010）。例如，我国的长三角和珠三角最早承接全球制造业转移，成为中国两大制造业生产中心。这些地区由于工业基础较好且与外界的联系方便，成为中国参与全球化生产与贸易的主要阵地。随着跨国资本大量进入，一方面诱发了很多新产业的诞生与成长；另一方面又形成了强烈的市场竞争环境，冲击着本地原有的产业结构与类型。由于外资在不同地区的进入以及地区内部的选择效应，对地区内部产业的生产格局和生产特征产生了重要影响，即重塑了地区的产业分布和内部结构，进一步对地区制造业的动态演变产生了巨大影响。

近年来，随着贸易保护主义的抬头与供应链安全的考虑，制造业的全球生产地理也在发生新的变化。同时，2013 年以来中国经济进入了经济发展的转型期，制造业的发展可能出现新的变化。由于国际形势的变化，跨国企业和跨国资本便会在全球兴起新的区位选择。例如，三星、富士康等原先在中国布局较多的分支企业的公司，增加了其在越南和印度等地区的生产布局。同时，一些制造业跨国企业也开始将生产制造业功能撤回到母国。然而，从我国目前的制造业分布状况来看，尽管沿海地区的制造业出现向中国内地转移的趋势，但是制造业重心在沿海地区集聚的格局依旧没有发生改变，尤其是沿海的城市群地区是作为中国的制造业集聚中心的地位没有改变（贺灿飞和胡绪千，2019）。

因此，在经济全球化与中国市场经济改革不断深入的背景下，参与全球化会对地区内部制造业结构和分布产生什么样的影响，需要展开深入实证分析。长三角地区作为参与全球生产的核心地区之一，其制造业的发展是如何受到全球化影响的，需要进行实证分析。同时，由于地区内部参与全球化程度的差异，可能会对地区内部制造业结构和分布产生不同的影响，也值得深入研究。

2. 中国快速的城市化进程

全球化不仅推动世界经济的发展，同时也加速了全球的城市化进程，尤其是发展中国家的城市化速度在快速推进（袁瑞娟和宁越敏，1999）。根据2018 年《世界城镇化展望》数据统计，1950～2018 年世界的城市化水平已经由29.61%增至55.29%，这就意味着整个世界有超过一半以上的人口已经居住到了城市。与此同时，根据《2019 中国统计年鉴》数据统计，中国的城镇化率由11.8%增至59.2%，这表明中国有 3/5 的人口已经在城市中工作与生活，中国进入了城市社会主导的发展阶段，城市化已经成为并将持续中国经济增长的重要推力（李仙德和宁越敏，2012）。按照陈彦光和周一星（2005）提出的城镇化发展阶段划分来看，中国目前处在城市化快速增长期的Ⅱ阶段（城市化率在50%～70%）。同时，2014年李克强总理在政府工作报告中提及，中国还要解决"三个1亿人"的城镇化问题。这就表明，未来中国的城镇化依旧会保持较快增长速度。随着中国城镇化进程的快速推进，城市化经济与城市化不经济的交替作用会对地区经济结构与产业分布产生深远的影响。

首先，随着城市人口的不断增长，出现了很多规模很大的都市区。同时，一些都市区由于城市规模大且城市化水平较高，加之这些都市区在空间上具有天然的地域邻近性，形成了都市连绵区（宁越敏、施倩和查志强，1998）。其中，以新兴的全球城市或世界城市（global city，word city）为中心，许多大都市区及其周边城市在区域范围内成片分布，共同形成了一种新的城市空间形态——大城市群（宁越敏，2011；宁越敏，2016）。大城市群是区域经济的核心地区，在国家的经济发展中具有重要的引领作用（宁越敏，2011）。例如，长三角和珠三角地区存在两个大城市群，这两个大城市群的人口规模已经分别超过了1.07亿人和5 600万人，且在全国的经济总量中占据重要地位，成为了中国先进生产要素的核心集聚区（宁越敏，2016；张凡等，2019）。快速的交通网络、即时的互联网接入、资本和劳动力的超流动性、区域间和区域内紧密的经济联系，产业在不同地区的集聚使的制造业专业化以极快的速度发展，在大城市群地区内部引发了新的空间分工（Douglass，2000）。各个城市根据其在世界城市体系中所处的位置或地区联系产生了更深层次的制造业专业化分异（Rodriguez and Feagin，1986）。也就是说，在宏观的区域分工中，更加精细的制造业专业化已经形成（Frigant and Layan，2009）。

然而，随着城市人口规模的快速增长和建成区面积的不断扩大，导致城市中的土地、劳动力、房价等生产要素成本上涨，不同产业便会因是否愿意支付较高的生产成本而进行市场博弈，结果便会造成城市的产业结构发生变化。同时，加上地方政府政策调控的作用，可能会导致制造业的分布在空间上发生变化。具体看来，中国的制造业在空间上出现由沿海地区向内陆转移的趋势，导致制造业在空间上的分布出现新的形态（罗胤晨和谷人旭，2014）。从中国的三次产业结构来看，第二产业中的制造业比重在不断下降，服务业在经济结构中的比重在不断增加，尤其是沿海地区的主要城市区域已经成为了中国生产性服务业的主要集聚区（白雪和宋玉祥，2019）。但是，中国的工业地理格局依旧呈现出"东高西低"的空间特征，即制造业仍然集聚在东部沿海地区，尤其是长三角和珠三角地区，且可能出现出新一轮的产业集聚（贺灿飞和胡绪千，2019）。以长三角地区为例，作为中国的制造业核心集聚地区之一，其内部制造业的发展业出现了一些分异（Wu et al.，2018）。具体看来，上海和浙江逐渐演变为制造业的主要迁出地区，而江苏则成为了制造业的主要迁入地区（贺灿飞和胡绪千，2019）。由于城市经济结构的调整与变动，促进了制造业在不同地区集聚与扩散，进一步深化了不同地区之间的产业分异与专业化分工（范剑勇，2004）。

因此，随着城市规模的扩张以及城市化发展出现新的变化特征，会对整个地区制造业的分布以及产业结构产生重要影响。在此背景下，区域在制造业空间分工中扮演什么角色，产业在空间分布上产生了哪些变化，以及为什么新兴经济体的大城市群地区会随着城市化的推进会重新配置地区制造专业化和产业分布，需要进行具体分析和实证检验。

3. 长三角地区的一体化与高质量发展

区域的协同一体化发展是降低地区内部差距的重要途径。长三角地区的一体化经历了比较长的发展历程，从 1982 年最初的"上海经济区"为始，初步形成了包括上海、苏州、无锡等 10 个城市组成的城市数量较少的协同发展经济区。到 20 世纪 90 年代以后，随着浦东新区的开发开放，长三角逐渐形成了"15 + 1"的城市联盟。到 2018 以后，长三角地区进入了新的一体化高质量发展阶段，将安徽纳入，并上升为国家战略，表明了长三角区域经济一体化发展取得了巨大的成就（郭湖斌和邓智团，2019；刘雅媛和张学良，2020；宁越敏，2020）。2019 年 12 月，随着《长江三角洲区域一体化发展规划纲要》的印发，更是标志着长三角一体化高质量发展将进入新的实践征程。

在经历了 30 多年的发展后，长三角一体化已经从区域布局合作和要素合作阶段进入了一体化协同发展的新阶段（孔令刚等，2019）。《长江三角洲区域一体化发展规划纲要》中明确提出长三角的战略定位为"一极三区一高地",旨在提升整个地区的一体化发展水平,实现整个长三角地区的高质量发展(徐琴,2019)。从长三角一体化的进程来看,以上海为单中心的城市等级体系逐渐向多中心城市网络转变,地区内部的很多地市已经成长为重要的世界城市,加速了整个地区向多中心特征发展(王艳茹和谷人旭,2019)。产业结构的高级化、制造业结构的互补性以及区域内产业转移与优化升级已经成为推动长三角区域经济一体化高质量发展的新驱动力(郭湖斌和邓智团,2019)。在这种形势下,各主要城市对其产业功能的定位也会发生新的变化,将会对地区产业结构类型与产业在地区的分布产生重要影响。

伴随长三角一体化整体进程的快速发展,产业一体化发展是重中之重,尤其是应该强化地区内部产业分工与合作,形成专业化分工差异,进而更好地实现地区间产业协同发展(李健、宁越敏和石崧,2006)。从当前产业发展现状来看,长三角地区制造业主要形成了以苏南地区、上海以及浙东北地区组成的"Z"字型工业走廊,而其他地区的制造业分布份额占比较少(徐维祥、张筱娟和刘程军等,2019)。更进一步,从制造业的空间分布来看,地区之间仍然存在着较为严重的产业同构特征(宁越敏,1998;宁越敏、施倩和查志强,1998;傅晓,2019)。长三角地区尚未建立合理的产业分工体系,地区内部各个城市仍然存在功能定位模糊和重叠的问题,从而加剧了地区内部不同城市之间的产业同质化竞争(黎文勇和杨上广,2019)。地区整体具有明显的非均衡特征,即地区内部仍然存在较大的经济差距,城市群区域的高度一体化和非城市群区域的低程度一体化同时存在,进而影响到了城市的功能专业化(黎文勇和杨上广,2019;宁越敏,2020;陶希东,2020)。从现实状况来看,除上海和南京之外,长三角地区其他城市的发展水平和城市定位差异性不大、分工不明确,尤其是制造业结构严重雷同(孔令刚等,2019)。例如,很多城市均将核心制造业集中在信息产业、生物医药、装备仪器、新能源、新材料产业等高端领域,导致不同城市对同类先进要素的竞争异常激烈(刘志彪和陈柳,2018)。

因此,在长三角地区一体化的进程中,如何强化地区内部的差异化发展,引导产业发展要素的合理分布,实现地区内部合理分工与协同发展,需要在描述制造业发展差异基础上，辨析主要影响因素，进而提出可能的政策建议。

二、问题的提出

以新兴的全球城市中心为中心，多个大城市或城市区域相继出现，共同形成了一种新的城市空间形态——大城市群，这是一种前所未有的现象（宁越敏，2010；宁越敏，2011；宁越敏，2016）。各种要素以极快的速度在空间流动强化了地区制造业的分布与变化，在大城市群地区内部触发了新的空间分工（Douglass，2000；宁越敏，2013）。即城市会根据其在整个城市体系中的具体位置来确立产业发展模式，导致制造业专业化和集聚产生新的变化（Douglass，2000）。也就是说，在更为精细的区域分工基础上的制造业专业化和集聚已经形成（Pavlinek，2020）。无论是在学术上还是在实践中，人们都越来越关心在全球分工中如何划分地域空间，以及为什么在新兴经济体的大城市群地区中随着时间的推移重新配置地区制造业专业化和产业集聚。

笔者认为，一个地区的产业演变主要表现在产业结构内部变化与产业空间分布差异，即制造业专业化与集聚是研究一个地区产业发展变迁的两个核心问题。从现有研究来看，在不同城市之间和城市群地区内部为什么会存在制造业地区专业化和集聚的不同，已经产生了大量的研究成果（Abdel-Rahman and Fujita，1993；Krätke，2007）。然而，争论仍然存在，因为新兴经济体的崛起和全球化的加剧使地区经济专业化和集聚的既定认识复杂化。学术界的三股力量直接促成了这场辩论。首先，绝对优势和比较优势理论认为，地方独特的发展优势促进专业化（Smith，1776；Ohlin，1935；Hoover，1937）。然而，比较优势的增加不一定与专业化的增加有关（Ricci，1999）。一些关于本地比较优势对制造业专业化影响的实证研究发现结果并不稳定，因为比较优势不是静态的，导致不同时期的地方化优势作用存在差异（Betrán，2011）。地方政府的政策很容易将现有的劣势转化为优势（Bai et al.，2004），通过相关政策和平台的建设来建立产业基础优势，推动产业集聚发展。其次，制造业专业化和集聚也被理论化为城市增长的功能。然而，关于城市增长是促进专业化还是促进多样化，存在相反的观点（Henderson，1991；Abdel-Rahman，1996；Tabuchi and Thisse，2006；Su，2018）。城市化进程中的集聚力和分散力会对地区产业分布产生影响，但是已有结论对城市化是否促进了制造业集聚仍然存在一些争议（Colby，1933；Moomaw，1988；Wu et al.，2018）。最后，上述关于制造业专业化的争论由于全球化的影响而进一步复杂化（Krugman，1991；Krugman，1993；Krieger-Boden，2000；Makino et al.，2002；Buckley，2009），而参与全球化对制造业在不同地区的集聚与分散的结论也显然存在着诸多的争议，即结论不一致（He et al.，2007；Khan and Rider，2011；潘峰华等，2011）。

从已有研究的主要争议来看，地区制造业的演变主要受到了上述三个要素的影响。首先，二者的发展都受到地区自身发展要素的影响，即本地既有的产业发展优劣势会对产业发展类型与规模产生影响。其次，随着城市规模的扩张与发展阶段的变化，会对城市产业结构做出相应调整，使得城市化经济与不经济的作用也会影响到地区制造业的变化。最后，由于全球经济一体化发展，地区产业的发展与变迁受到了外国资本和全球市场的影响。总结现有文献发现，一个地区制造业的变迁主要是地方化要素、城市化要素与全球化要素共同作用的结果，其主要表现便是地区内制造业结构的差异以及产业在空间上的分布差异。然而，已有研究主要从其中一个方面或两个方面进行研究，忽视了三个要素的综合考察。

同时，从上述争论可以看出，已有研究结论还存在着一些分歧。由于这些争论的存在，需要在全球化的城市空间背景下对地区制造业变迁进行更加深入的研究。特别是，对新兴国家城市群地区中制造业动态演变研究可以阐明上述理论思辨，并促进全球城市空间中制造业专业化和集聚形成的理论化，为地区制造业的演变发展建立新的理论解释框架。

长三角地区是中国全球化程度最高、城市化水平最高、制造业分布最集中的地区之一（Na，2014；Wu，2015；Wu et al.，2018；Hu et al.，2019；Yeh and Chen，2020）。它也是世界第六大城市群地区以及最大的经济增长引擎之一（Cheng and LeGates，2018）。然而，当前长三角地区产业发展研究忽视了全球化背景下长三角区域一体化发展逻辑以及专业化分工与集聚（马仁锋，2019）。因此，研究长三角地区的产业动态演变及其主要影响因素是十分必要的。为此，笔者选择了长三角地区作为研究对象。基于以上的理解，本书将题目确定为《长三角地区制造业专业化与集聚演变研究》。本书的研究目标主要是尝试从已有的理论出发，将贸易理论、经济地理理论以及城市化理论等相结合，分析长三角城市群制造业演变的总体趋势、制造业地区专业化和集聚的时空变化特征，并尝试从影响制造业发展的地方化要素、城市化要素与全球化要素出发，建立影响地区制造业专业化与集聚演变的理论框架，为解释地区制造业的演变与空间差异提供更加全面的解释。具体而言，本书主要回答以下几个问题：

（1）阐述长三角制造业的基本特征与演变趋势。即主要分析长三角地区制造业演变的总体趋势以及不同类型制造业的有何变化特征？阐述长三角地区制造业专业化省际分异、内部县域具体的产业有何分异？阐述长三角地区制造业集聚的总体特征、空间分异以及局部区域存在哪些变化？

（2）基于地方化、城市化与全球化构建的理论分析视角，利用相关计量模型来实证检验其对长三角地区制造业专业化的作用机理，每个要素具体的作用方向与强度大小。随之，检验地方化效应、城市化效应与全球化效应对三个不同类型制造业专业化的影响，并辨析作用结果是否存在差异？

（3）基于地方化、城市化与全球化的理论分析视角，实证检验这三个要素对长三角地区县域制造业集聚的作用机理，并分析每个要素具体的作用方向与强度大小。然后，检验地方化效应、城市化效应与全球化效应对细分三个类型制造业集聚的影响，并辨析实证结果是否存在差异？

（4）以具体的 2 位数代码典型代表行业为例，主要选取在长三角地区具有主导地位的制造业行业门类（通过计算就业规模和产值规模来筛选代表性主导产业），具体包括：纺织业（SIC-17）、通用设备制造业（SIC-34）、汽车制造业（SIC-36）以及计算机、通信及其他电子设备制造业（SIC-39）四个 2 位数行业为例，实证检验地方化效应、城市化效应与全球化效应对典型案例行业专业化集聚的作用结果是否存在差异？

（5）基于地方化、城市化与全球化效应对未来推进长三角地区的制造业专业化和产业集聚的相关政策启示是什么？尤其是，根据不同城市化地区的发展差异，提出可行的产业发展具体方略。同时，根据案例产业得到相关结论，进而从地方化、城市化与全球化要素中提炼出可能的一般性政策含义以及特殊产业专业化集聚的对策。

第二节　研究意义

一、理论意义

专业化（关注国家或地区之间产业结构的差异来展开国际贸易）的研究来源于贸易学理论，是不同国家和地区之间展开贸易的基础。而产业集聚（关注产业的空间分布）的研究则来源于经济地理学，主要研究产业在空间上的分布情况。两个现象作为地区产业动态演变过程中同时存在的"硬币的双面"（Ceapraz，2008；Goschin et al.，2009），首先，两个问题的融合研究将为地区制造业的动态演变提供更加透彻的理解与思考，将二者的融合研究便是推动国际贸易学和经济地理学两个不同学融合研究的一种尝试。同时，从城市尺度关注城市发展过程中重要的两个经济现象，又属于城市经济学的范畴。那么，通过本书的研究可以将城市经济学、经济地理学以及国际贸易学三个存在分异的学科融合在一起，可以为多学科的融合研究提供一定的理论参考。

其次，本书试图建立一个由地方化、城市化与全球化组成的"三化"理论分析框架来解释地区制造业专业化和集聚的形成机制以及具体作用渠道，这个理论框架可以为地区制造业的演化研究提供新的解释框架，同时可以弥补已有研究中仅仅从单一方面考察这些要素对专业化和集聚影响研究的不足。

二、实践意义

长三角地区作为长江经济带的龙头，同时也是"一带一路"与长江经济带的重要交汇点，是推动中国经济增长和参与全球竞争最有力的引擎（段树军，2019）。制造业作为长三角地区经济增长的重要推动力，随着国际形势的变化以及地区内部产业结构调整，虽然已经呈现出一定的转移趋势，但是制造业的扩散主要以邻域扩散（地区内部扩散为主）为主，一个重要现实便是这里仍然是中国最重要的制造业集聚区之一（王俊松，2014；贺灿飞和胡绪千，2019）。同时，由于地区内部经济发展阶段的差异，制造业主要集中在南京—上海—杭州—宁波等地市组成的"Z"字型区域，苏北地区和浙西南地区的制造业分布仍然较少（Hu et al.，2019；徐维祥、张筱娟和刘程军等，2019）。长三角地区的产业协同发展，便是如何将安徽、苏北和浙西南地区与长三角核心地区的产业进行有效的整合。

因此，从制造业的地区专业化和产业集聚角度，研究长三角地区的制造业变迁具有以下重要的实际意义。首先，通过识别专业化地区与专业化类型差异可以为未来地区制造业的合理分工与竞争起到一定实践参考，尤其是推动边缘地区的制造业发展具有重要的现实意义。其次，通过将地方化要素、城市化要素与全球化要素整合来分析地区制造业专业化、集聚以及专业化集聚的影响，可以进一步识别哪些要素在起哪些具体作用，进而为未来推进不同地区制造业的专业化发展与集聚提供具体的实践操作指导。最后，推动长三角地区制造业的专业化分工与集聚可以为长三角地区产业一体化发展提供较强的促进作用，推动长三角地区的高质量发展，最终为全国其他地区推进产业协同发展提供案例借鉴。

第三节　研究思路和创新之处

一、研究思路

本书的研究思路主要基于全球层面、国家层面以及地区发展三个层面背景下，结合长三角地区制造业发展的现实情况和已有研究基础，提出本书的主要研究问题以及理论和实践意义。通过梳理已有的贸易理论、经济地理理论、城市化理论等以及相关的研究进展，基于已有研究中存在的不足，提出基于地方化、城市化与全球化组成的解释框架，阐释其对制造业专业化与集聚的理论假说。然后在这个解释框架下，展开本书的实证部分。具体而言，实证部分主要包括以下四个章节：

（1）利用相关的数理统计和空间分析方法，从地区整体和两省一市出发，阐述地区制造业产值规模和就业规模的一般变化特征，以及具体的三个类型（主要分为劳动密集型、资本密集型以及技术密集型制造业三类）制造业的分异。同时，基于市域尺度分析了长三角地区制造业差值规模的内部区域差异。然后，阐述地区制造业专业化在两省一市以及地区内部分异，以及具体产业类型差异。阐述地区制造业分布总体特征、内部空间差异以及局部动态变化。

（2）基于 2004～2013 年的经济普查中的企业数据，利用空间滞后模型和空间误差模型，基于地方化、城市化与全球化的理论分析视角，检验这个框架对长三角地区 207 个县域制造业专业化的作用机理，每个变量具体的作用方向与强度大小。然后，检验地方化、城市化以及全球化对细分的三个类型制造业专业化的具体作用及差异。

（3）基于 2000～2013 年的工业企业数据库中的企业数据，利用空间面板的空间滞后模型和空间误差模型，基于地方化、城市化与全球化的理论分析视角，测度了地方化效应、城市化效应与全球化效应对长三角地区 207 个县域集聚的作用机理，每个要素具体的作用方向与强度大小。然后，检验地方化、城市化与全球化对细分三个类型制造业集聚的影响，并解释结果差异。

（4）选取纺织业、通用设备制造业、汽车制造业以及电子信息制造业四个 2 位数行业作为长三角地区制造业行业的典型案例，利用面板数据固定效应模型估计地方化、城市与全球化对这四个行业专业化集聚的作用，并解释结果差异。

（5）基于本书实证结果，得出本书的主要结论，并进一步讨论相关的政策启示。然后，基于本书可能的不足之处，提出未来进一步提升的方向。

按照上述的研究思路，本书拟定了以下技术路线（见图 1－1）。

二、创新之处

本书通过研究长三角地区制造业专业化与集聚的动态演变，并尝试建立包括地方化、城市化与全球化要素组成的理论分析框架，以解释长三角地区制造业专业化与集聚的形成机制与变化机理。最后，选择主导产业作为典型案例分析，揭示地方化、城市化与全球化要素对主导产业专业化集聚的作用差异。相比已有研究，本书的贡献主要包括以下几个方面。

（1）理论贡献。关于地方化、城市化和全球化对制造业专业化和集聚的影响已经有很多研究，但已有文献往往单独讨论这些要素的影响，忽视了三者之间的有机结合，同时得到的结论存在一些分歧，尚未形成统一的认知。本书基于已有文献的研究成果，尝试建立一个解释地方制造业专业化和集

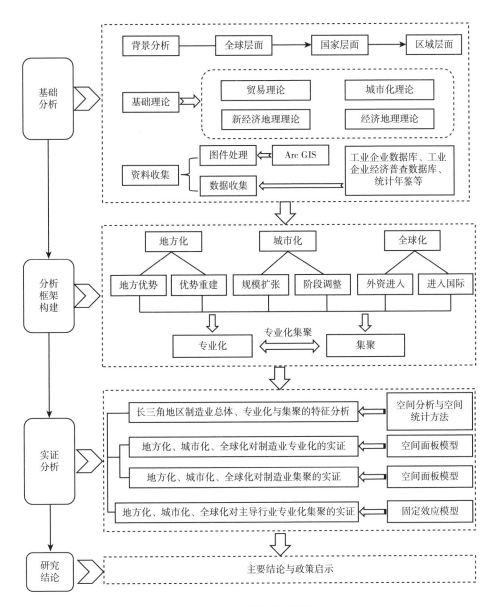

图1-1　本书的技术路线

聚演变的理论框架，即发展中国家的新兴城市区域的制造业专业化与集聚是一种更为复杂、更有活力和动态性过程的组合产物，这些过程可以被理论化为地方化效应、城市化效应和全球化效应。更进一步，本书通过具体计量模型从实证上对地方化效应、城市化效应和全球化效应的作用结果进行了检验，结果验证了解释框架的有效性。结合这三个要素来考察制造业专业化和集聚的形成和发展，将为长三角地区制造业动态分析提供更全面的解释。

（2）方法论贡献。首先，本书在检验显著性水平的基础上，合理利用空间面板数据模型研究了地方化、城市化与全球化要素对长三角地区207个县域的制造业地区专业化和产业集聚的影响，并区分不同行业类型进行了更加细致的实证检验。这样详细的分析与研究，已有实证研究在这方面的关注较少，尤其是对长三角地区的研究更为少见。其次，基于面板数据固定效应模型考察了地方化效应、城市化效应与全球化效应对四个主导产业的作用，也是已有研究并未做过的工作。最后，本书使用的制造业地区专业化指数、集聚指数以及专业化集聚指数很好地揭示了制造业结构的区域差异、空间特征以及具体行业的集聚特征，这些采用的指标方法具有一定的先进性。

（3）经验或实证贡献。本书将企业经济普查数据与工业企业数据库两套重要的大样本企业微观数据相结合，比以往利用城市统计数据的研究具有数据上的先进性。从研究尺度而言，相比已有的国家和省级尺度分析具有尺度深化价值。从县域尺度出发，分析了长三角地区制造业专业化与集聚的时空演变特征。这对于展开县域尺度相关的产业发展研究具有重要的借鉴价值，尤其是针对长三角这样的县域区块经济占据重要地位的地区极具意义。然后，利用相关的计量模型实证检验地方化、城市化与全球化效应的具体作用，更为客观与深入地揭示了长三角地区制造业的动态演变特征与成因机理。同时，选取了四个长三角地区具有代表性的主导2位数制造业进行了特征分析与机理解释，阐释了本书解释框架的具体作用结果。本书所作的这些实证分析结果可以为研究长三角地区制造业的动态演变提供一个更为全面、翔实以及深入的分析视角，这也为其他地区展开类似研究提供案例借鉴。

三、结构安排

本书的主要内容可以分为八个章节，具体内容如下：

第一章为引言。首先，介绍本书的研究背景、研究问题、理论和实践意义。其次，介绍本书中研究区域的选择，包括具体研究尺度的选择以及一些基本信息的叙述。

第二章为研究综述与分析框架。首先，本章主要从本书研究内容出发，梳理并总结专业化和集聚两个重要的概念，同时从影响制造业专业化和集聚的贸易理论、经济地理理论、城市化理论等相关理论出发，梳理已有研究成果和新进展，总结已有文献研究中存在的不足之处。尝试在已有理论指导和实证分析的基础上，提出基于地方化、城市化与全球化对制造业专业化和集聚的影响机制，作为本书的核心解释框架。其次，分别从地方化、城市化与全球化要素三个方面展开本书综述，阐释这些要素是如何塑造一个地区的专业化和产业空间集聚的，现有研究中还存在哪些争议，进而提出本书的主要假说。最后，总结三个要素作用的基础上，建立完整的地方化、城市化与全球化要素的作用路径机制分析框架，阐释三个要素如何综合作用于一个地区的制造业专业化和集聚。

第三章为数据来源与研究方法。本章主要介绍本书中用到的各种属性数据的来源以及预处理情况，主要是 2004 年、2008 年以及 2013 年三次经济普查企业数据和 2000 ~ 2013 年中国工业企业数据库中各类企业地址信息的行政区归属的处理，同时利用 2011 年的行业代码对 2011 年之前的企业 4 位数行业代码进行统一。同时，利用企业地址信息提取了企业经纬度。随后，介绍了本书用到的其他经济属性数据的来源及处理。最后，介绍本书中关于县域单元制造业专业化以及集聚的具体描述方法，如克鲁格曼指数、制造业集聚指数以及专业化集聚指数等，同时介绍了一些空间统计方法等。

第四章为长三角地区制造业总体演变分析。本章内容主要为制造业演变的特征分析，具体可以分为两个部分。首先，从时间尺度上，分析了长三角地区制造业的总体变化特征、产业类型变化特征以及主导产业变化特征。其次，分别利用了专业化指数、E-G 指数以及空间分析方法等，对长三角地区 207 个县域制造业专业化和集聚的空间差异进行了详细的描述，试图明晰 2000 年以来长三角地区制造业的整体变迁情况以及地区之间的产业结构差异以及产业在空间上的分布情况。

第五章是基于地方化、城市化与全球化视角，研究这些要素对长三角地区制造业专业化的影响。本章利用空间面板数据模型，分析地方化、城市化与全球化要素对长三角地区 207 个县域制造业专业化的作用方向与大小。从地方比较优势和比较优势重建出发，选取了市场规模、劳动力价格、土地价格等变量来反映地方比较优势的作用，选用省级以上开发区数量，来反映政府通过介入比较优势重建来作用于地区产业发展。利用这四个具体变量来反映地方化要素的作用。城市化要素主要从规模扩张和阶段调整两个方面出发，选取城市人口规模和外来人口数量反映城市规模扩张，选取城市化率反映城市化发展阶段。全球化要素则主要从外资进入和走向国际两个方面出发，采用 FDI 和外资企业占比反映外资进入，选用出口贸易额和是否为世界城市反映走向国际的变量。然后，将制造业根据其类型划分为劳动密集型制造业、资本密集型制造业以及技术密集型制造业三种类型，研究地方化、城市化以及全球化要素对这三个类型制造业地区专业化的影响。

　　第六章是基于地方化、城市化与全球化视角，分析这些要素对长三角地区制造业集聚的作用影响。本章仍然采用空间面板模型分析地方化要素、城市化要素与全球化要素对长三角地区 207 个县域制造业集聚的作用方向与强度。从地方比较优势和比较优势重建出发，选取了本地市场规模、劳动力价格、土地价格、交通运输业从业人数等来反映地方的比较优势，选用省级以上开发区的数量，来反映政府介入的比较优势重建。选取了五个具体的指标，来反映地方化要素。城市化要素主要从规模扩张和阶段调整两个方面出发，选取城市人口规模和外来人口反映城市的规模扩张，选取城市化率反映城市化发展的阶段。全球化要素则主要从外资进入和走向国际两个方面出发，采用 FDI 和外资企业占比反映外资进入，选用出口交货值占销售产值的比重反映参与全球化程度。然后，本章继续探讨了这些指标对劳动密集型制造业、资本密集型制造业以及技术密集型制造业集聚的影响。

　　第七章为基于地方化、城市化与全球化视角，分析三大要素对主导产业的具体影响。通过比较当前长三角地区制造业的主导行业（利用省统计年鉴，计算从业人数和产值规模来确定主导产业类型），发现纺织业（SIC 17）、通用设备制造业（SIC 34）、汽车制造业（SIC 36）、电子信息制造业（SIC 39）四个 2 位数制造业不仅是长三角地区的主导行业，而且是长三角城市群规划中提到的重点发展的主导集群产业。因此，选取这四个行业作为劳动密集型制造业、资本密集型制造业以及技术密集型制造业中的典型案例产业进行分析。首先，描述几个主要行业的总体变化特征，其次，基于地方化、城市化与全球化的分析框架，实证检验地方化、城市化与全球化要素对四个主导案例行业专业化集聚的影响，并基于研究结果总结出前述结论进行对比分析。

　　第八章是主要结论和未来研究方向。本章主要对前文描述性分析和实证结果进行总结，得到本书主要结论。同时，从本书的结论出发，提出可能的政策启示。最后，从研究内容、方法和技术等方面，指出本书存在的不足之处和未来需要深入研究的方向。

| 第二章 |

研究综述与分析框架

该章主要从制造业地区专业化和集聚两个核心概念出发，通过梳理相关的理论研究，从现有关于影响制造业专业化和集聚的主要因素中发现已有研究中存在的主要争论，并提出一些可能的假说。最后，通过梳理现有研究基础与文献争论，试图综合地方化、城市化与全球化三个方面来建立影响制造业专业化和集聚的理论分析框架，从而更好地解释地区制造业专业化和集聚形成机理，并为后文的实证研究提供理论基础。

第一节　重要概念与理论基础

制造业的地区专业化和集聚是描述地区制造业演变和发展的核心指标，二者既相互联系又有所区别，一些学者将其称为"硬币的正反两面"（Aiginger and Rossi-Hansberg，2006；Ceapraz，2008；Goschin et al.，2009；Moga and Constantin，2011）。

首先，本书研究的"专业化"主要是针对地区细分产业结构之间差异展开的，而产业专业化则主要是针对地方化经济展开的，本书更多的是针对一个区域空间尺度展开研究。而本书所研究的"集聚"也主要从空间角度来讨论产业空间分布状况，来展示产业的整体空间特征。本书研究的这两个核心概念主要从空间的角度来研究地区制造业的发展状况。其次，专业化集聚的研究则主要是针对某个具体产业在地区的分布状况，这也是某个地区在产业发展过程中应该着重考虑的问题，因为这关系到某个地区具体产业的规模经济与规模效益，以及参与市场竞争力的状况。

本书之所以选择这几个核心的概念来对长三角地区制造业进行分析，是因为地区在产业发展过程中主要关注的三个核心问题：本地与其他地方之间的部门结构差异（差异化可以展开分工）、本地区的产业发展在整个地区所处的地位（体现地区产业规模的重要性）、本地专业化的产业是否相比别的地区更具集聚经济（因为集聚带来效益，并能强化区域竞争力）。这三个概念又有着重要的联系，将专业化和集聚研究结合起来，则可以从地区部门的结构问题和产业空间活动问题两个维度对地区制造业的演变与发展得到更加全面的分析与认识（张旭亮，2011）。同时，地区专业化和集聚在空间上会形成一个重要的表征结果，那就是专业化集聚，即一个地区产业与别的地方存在差异，并且整个产业在本地形成了较强的集聚特征甚至会在空间上形成跨行政单元集聚的特征。鉴于此，本书认为地区专业化和集聚是研究制造业演变的重要概念，因此，有必要对这两个概念及其测度方法进行总结梳理。

一、制造业地区专业化

地区专业化的思想主要来源于古典贸易理论，认为国家会根据其劳动力、技术以及要素禀赋优势去生产本国的优势产品，然后通过自由贸易实现不同国家或地区的生产专业化（Smith，1776；Ricardo，1817；Ohlin，1935）。新贸易理论和新经济地理学将市场规模、运输成本等要素纳入，使得专业化的研究得到了进一步深化（Krugman，1979；Krugman，1993）。而城市经济地理学对于专业化的考察则主要是基于劳动空间分工视角，认为专业化是形成城市网络的基础（Na，2014）。通过专业化研究推动地区之间形成合理的产业分工，从而降低同质竞争与无序竞争，实现城市体系的合理发展。

制造业地区专业化主要从地区的角度考察内部产业结构，可以分为绝对专业化和相对专业化两个概念。其中，绝对专业化主要是一个地区中少数行业在该地区总就业中所占比重很高，那么这个地区便被认为是专业化的（Aiginger and Davies，2004）。测度该指标的方法主要有赫芬达尔指数（Hirschman-Herfindahl-index）、香农熵（Shannon entropy index）、欧盖文指数（Ogive index）、多样化指数（diversification index）以及绝对基尼系数（absolute Gini-index）五个方法（Palan，2010）。而相对专业化则主要是指一个地区产业结构与参照组（某个地区）产业结构之间的差异程度或地区平均水平的差异程度，可以解释地区的比较优势（陈良文和杨开忠，2006；周慧，

2009；Palan，2010）。具体的测度方法包括：克鲁格曼指数（Krugman specialization index）、生产结构非均衡指数（index of inequality in productive structure）、相对基尼指数（relative Gini index）、泰尔指数（Theil index）四个方法（Palan，2010）。绝对专业化仅仅考虑地区本身的产业结构，而缺乏与其他地区展开比较，导致该指标的解释力度较弱。而相对专业化指标由于可以展开对比分析，因此在分析地区制造业的分异时具有较强的解释力。因此，在解释地区专业化的分异时，本书主要利用相对专业化指数展开具体分析与实证模型的使用。

二、制造业集聚

集聚现象一直是经济地理学研究的核心问题（Kitchin and Thrift，2009）。产业集聚思想最早来源于马歇尔的集聚理论，认为企业为在某一个地区不断集聚，以获得劳动力池、供应链关系以及技术溢出，从而获得集聚效益。相关的区位理论也在解释企业在某个地区分布的原因，也与地方的劳动力、土地、交通和市场等要素有关，核心还是讨论一个地区相比别的地区具有产业集聚的相对优势。例如，原料型产业主要集中在生产资料丰富的地区。

具体而言，制造业集聚主要是研究整个经济的集中形态，考察所有产业在空间上的集中分布形态，核心体现了产业与空间之间的关系（陈良文和杨开忠，2006；Franceschi et al.，2009；周慧，2009；Kopczewska et al.，2017）。由于处理空间单元的差异，具体的测量方法便分为了两种方法。其一为独立单元的集聚指数，即将整体的单元划分为具体的亚单元进行研究，如不同国家、城市、县级或乡镇尺度来分析不同单元制造业的占比份额来考察集聚状况（Franceschi et al.，2009）。这种研究方法面临的一个重要问题便是尺度分割问题，或者说可塑性面积单元的问题（modifiable areal unit problem）（Kopczewska et al.，2017）。但是，这种方法可以与统计方法很好地结合，进而分析地理单元空间差异对产业集聚的影响。其二为基于聚类的连续单元集聚指数，即将整个研究区域看作一个整体，利用企业地址信息来展示产业空间分布情况。这种利用真实地址信息来反映空间上的分布形态的方法，可以很好地展示产业在具体空间上的分布形态和集聚态势，具体的方法如核密度分析、点密度分析等（Kopczewska et al.，2017）。这种方法可以在一定程度上解决因尺度分割导致的可塑性单元问题（MAUP），但是并未解决多大尺度上的企业分布可以算作集聚，同时不能很好地与统计尺度进行匹配。同时，该方法只能分析某个研究主体整个产业或某个产业时间变化的特征，对其展开的实证计量也只能利用地区或国家的整体的数据进行解释，可能忽视了地理单元分异（尤其是行政边界）的影响。而企业在选择地理区位时，由于地方政府的介入，行政区划的影响还比较大。因此，本书在进行产业集聚的研究时，主要从县域尺度出发，利用相关模型解释制造业或具体行业的空间集聚的形成机理。

基于以上分析，本书对制造业的地区专业化和集聚的考察主要从县域尺度出发，分析地区制造业之间内部结构差异以及空间分布演变特征。

三、理论基础

1. 传统贸易理论

在传统贸易理论中，绝对优势、相对优势理论和资源禀赋理论揭示了产业在全球不同地区集聚会塑造国际贸易中的专业化分异。制造业专业化和集聚的相关理论最早可以追溯到斯密的《国富论》中，书中提出国际贸易中，由于各个国家劳动生产率的绝对差异，每个国家都会选择其在生产上具有绝对优势的产品去生产，这就为专业化最早的解释提供了理论基础（Smith，1776）。这个理论被称作为绝对优势理论，即认为在国家贸易中，不同国家会专业化生产其具有绝对优势的产品。

然而，该理论又存在一个核心的缺陷，即在两个国家的贸易中，如果一个国家在生产所有的商品上都比另外一个国家具有绝对优势，那么他们的之间的生产该如何进行。这便是李嘉图提出相对优势理论，该理论认为一个国家对所有商品的专业化并不能保证世界生产的增长，必须实现专业化才能使国家具有生产的比较优势，为了确定生产比较优势的商品，有必要对每个国家的生产成本进行比较。这些生产成本不是货币成本，也不是资源成本，而是机会成本（Ricardo，1817）。如果一个国家生产商品的机会成本低于另一个国家，那么这个国家在这个商品的生产方面便具有了相对优势。简言之，在自由贸易下不同国家生产不同产品的机会成本是不同的，由于机会成本的差异导致国家选择具有比较优势的特定类别产品来生产（Ricardo，1817）。

由于比较优势的存在会导致地区之间的专业化和不同类型产业在比较优势较好的地区集聚。

随后，赫克歇尔（Heckscher，1919）和俄林（Ohlin，1935）等在这两个理论的基础上提出了资源禀赋理论，认为不同国家的资源禀赋基础如资源、土地、劳动力等要素的差异会导致国家或地区会生产其资源禀赋最有优势的产品，从而形成不同地区产业集聚和生产专业化分工。该理论主要将比较优势理论提到的技术和劳动力优势更加具体化，同时与本地区特有的资源要素相结合，将比较优势的理论作出了进一步拓展。

总而言之，传统贸易理论以完全竞争、同质化产品和规模报酬不变为主要特征，强调不同地区劳动生产率、技术差异以及要素禀赋的相对成本差异会影响地区的专业化和集聚，核心便是认为一个地方特有的相对优势是形成专业化和产业集聚的基础。同时，传统贸易理论暗示着贸易自由化和一体化将导致生产的区位重选和根据比较优势增加地区产业间的专业化（Traistaru et al.，2002）。

2. 新贸易和新经济地理理论

新贸易理论主要是在传统贸易理论的基础上，强调规模递增、产品的差异性以及不完全竞争（垄断竞争），进而为国家或地区间产业间和产业内的专业化提供了解释框架（Krugman，1979；Helpman and Krugman，1985）。由于规模报酬递增的影响，企业会集聚到少数地区。这些地区通常是市场可进入较强、贸易成本较低、中间产品具有优势的地区。这就会导致企业会集中在这些具有优势的核心地区，但是当贸易壁垒和交通成本足够小的情况下，为了降低要素成本，制造业又会从核心地区转移到边缘地区（Krugman and Venables，1990）。随后，克鲁格曼等将地理空间要素考虑在内，认为地理优势是内生的，产业地理上分布的不均衡是由于"报酬递增"的结果，地区的专业化是经济获得空间集聚的结果（Krugman，1991；Krugman，1993）。由于本地市场效应和市场拥挤效应的存在会导致产业空间集聚与分散，企业更愿意集聚在可以提供专业化供应商的区域以获得专业化的投入，降低成本。在交通成本、贸易壁垒下降的情况下，劳动力会向制造业的核心地区集聚，强化了原有制造业集聚核心地位，形成了核心地区与边缘地区的制造业空间分布差异。

3. 产业集聚理论

关于产业集聚的讨论，最早可以追溯到马歇尔（Marshall，1890）提出的产业区理论，认为企业在特定地区的集聚主要是为了获得专业化的中间投入、熟练的技术劳动力、共享基础设施和面对面的交流（Coe et al.，2019）。基于这些要素的考虑，企业会形成相同产业的共聚或者不同类型企业的空间集中，为同类产业专业化集聚的形成提供了一定的解释。该理论后来形成了 MAR 外部性模型，讨论集聚产生的外部性对产业发展的影响。在产业区理论之后，德国的经济学家韦伯（Weber）提出的产业区位理论，具体讨论了在要素成本最低的条件下，产业的地方集聚会考察地方原材料的分布、交通成本、市场状况、劳动力成本等要素（Coe et al.，2019）。通过将这些地方性的要素进行综合权衡，从而选择一个最佳区位，然后形成产业的空间集聚或空间分散。产业集群理论主要强调地区内相互联系的关联企业、专业化供应商、服务商以及相关制度聚集在一起，通过产业之间的相互联系，强化产业集聚与专业化生产，进而提升企业效益和产业竞争力（Porter，2000）。此外，斯托珀（Storper，1997）从企业贸易的相互依赖性（供应关系、合作关系以及消费者之间的关系）以及斯科特（Scott，1988）从企业获取核心竞争力的需求方面讨论了这两种集聚经济对专业化集聚的影响（Coe et al.，2019）。

4. 开发区建设理论

开发区是指那些主要以发展劳动、资本或技术密集型制造业为主的产业园区，主要目的是发展优势制造业、沟通内外联系以及利用本地资源优势展开地区合作。开发区作为具有较强集聚效应的产业园区，已成为我国地区经济发展的重要空间载体，是带动本地区产业发展和推进城市化进程的重要手段（吴郁玲、冯忠垒和曲福田，2006）。同时，开发区由于类型和功能不同，分为多种不同类型的开发区。从开发区的特征来看，主要是一种发展模式的创新，是实现集约投资、规模经济、结构合理化、起点高级化、服务社区化的一种发展模式（伍新木，1995）。

具体而言，主要通过政府的调控手段，通过土地、资金、税收等方面的优惠政策吸引外地企业入驻，或将本地的企业实行集约化发展。开发区的设立是区位理论、增长极理论以及产业集群理论等的综合集合体，然而尚未形成专业区理论（张洁妍，2016）。然而，从我国开发区的设立与发展来看，其确实可以称得上一个特殊的地区发展和产业建设理论。例如，上海的张江园区形成了电子信息产业集群。产业开发区的建设是通过政府作用与企业合作去创造一种地区产业发展的集聚比较优势，是全球—地方或外界—本地联系的重要载体。其核心思想便是重新创造一种地方比较优势来发展某些特殊产业，已经成为各个地区产业发展的指导理念，成为地区促进规模经济与集约发展，推动地区产业专业化和集聚的主要载体。

5. 城市化和城市网络理论

城市化理论主要从城镇化进程的向心力和离心力来反映城市化对产业集聚与扩散的作用（Colby，1933）。其中，向心力主要由城市化经济引起，由于城市规模的扩张和城镇化水平提升，可以降低专业劳动力的搜寻成本、共享基础设施和强化信息交换。在向心力的作用下，企业会向城市化发展水平较高的地区集聚，推动城市产业结构的多样化发展。而随着城市规模的不断扩张，城市中的劳动力、土地、住房成本的上涨以及交通拥堵、环境污染等各种城市化问题的爆发，导致城市化不经济出现，企业便会选择向郊区或其他地区转移扩散，促使产业分散发展。

由于两种作用力的影响，结果便会导致主要城市和边缘城市在地区专业化方面产生分异（Ezcurra et al.，2006）。因此，城市化进程中的向心力和离心力不同作用会对地区产业的演变产生重要影响。从城市网络理论来看，在产业化发展前期，产业的专业化分工与联系是城市网络形成的基础，而在后工业时代，城市网络将演变为专门从事制造业或服务业的城市，同时也具有完整的城市功能（Na，2014）。同时，城市网络理论也强调整个地区城市体系内部产业的合理分工与有序竞争，从而推动地区城市网络的高质量一体化发展。

6. 增长极理论

增长极理论是新古典时期一个重要的产业集聚理论，具体包括增长极理论（Perroux，1950）、不平衡增长理论（Hirschman，1958）、循环累积理论（Myrdal，1957）和中心—外围理论（Friedmann，1973），这些理论都从非均衡发展的视角解释了产业的地理分布与差异。其中，佩鲁（Perrous）认为大企业或产业是地区经济发展的"增长极"，主要关注产业部门。而后，学者布德维尔（Boudeville，1968）修正了该理论并将其发展为增长轴理论，将其扩展到了空间发展的维度，成为区域经济发展的重要理论。空间维度的极化思想在赫希曼（Hirschman）、缪尔达尔（Myrdal）和弗里德曼（Friedmann）等学者的影响下得到了进一步发展。其中，赫希曼（Hirschman）提出发展中国家应该将有限的投资集中到 1～2 个战略部门以获得经济的增长。缪尔达尔（Myrdal）认为由于欠发达地区的资本和人口向发达地区流动会导致地区发展的要素差异进一步强化，结果会导致区域专业化和产业集聚的分异。弗里德曼（Friedmann）提出的经济发展的四个不同阶段思想，结果会导致产业在核心和边缘地区发生变化，结果会形成地区专业化和产业集聚分异。总体而言，专业化和集聚主要是由那些"增长中心"或"增长极"来塑造的。

7. 演化经济地理理论

由于地区专业化的模式和产业集聚的特征会受到时间、地点、产业和经济部门的影响，这就表明历史发展过程也会对当前的产业现状产生影响。因此，演化经济地理理论可以从历史变化的视角为专业化和集聚提供一种理论解释。其中，演化经济地理理论认为产业经济活动的演变过程是路径依赖的，企业会选择产业上具有相关性的地区进入，以获得大量潜在有经验的企业家（Boschma and Frenken，2011）。通过不断的进入和退出机制使得某类或几类产业在某个地区实现不断强化和发展，形成了专业化企业集聚，进而推动了产业集群的形成。更进一步，演化经济地理认为地区产业集聚取决于该地区不同行业之间的关联性，以及一个行业所处的产品生命周期阶段。总体而言，演化经济地理在发展了原有的马歇尔外部性和雅各布斯外部性的基础上，提出了地区专业化和产业集聚的过程是相关性产业共聚的结果，对地区制造业的变迁研究应该从历史演变的角度进行切入。

8. 基础理论总结

通过梳理现有理论，可以发现已有理论中无论是贸易理论还是经济地理理论均强调产业布局主要受制于地方发展条件与区位优势，即地方比较优势会促进地区的产业集聚，同时会形成地区专业化的生产分异。开发区建设理论则指出通过介入比较优势的构建，政府部门通过地方发展策略的实施，建立地方比较优势来推动产业集聚以及专业化的形成。城市化相关理论指出，工业化与城市化进程具有同步性，集聚是城市发展的本质，在城市发展过程的要素向心力会促进制造业的空间集聚，促进城市制造业的多样化。然而，城市化不经济又会驱散生产要素的集中，导致制造业在地区分布上进行新的区位选择。最后，在全球化的作用下，由于"本地市场"和"供应链"作用的并存，全球化效应会推动地区产业空间重新配置，通过强化全球联系来促进了制造业的发展，而全球化的结果又会导致区域之间产业分布变迁和内部结构变化。因此，总结已有结论，应该综合分析地方比较优势、城市化进程以及全球化效应对地区产业发展的影响。

第二节　研究综述与假说的提出

已有文献中出现了不同的理论观点和分析框架来研究和解释改革开放后中国显著的经济增长和巨大的空间变化。例如，学者们已经考虑了市场化在区域经济增长和不平等中的作用（Nee，1989；Xu et al.，2018），解释了财政分权与经济增长的关系（Lin and Liu，2000），并将产业空间重组描述为全球化、地方化和区域化三重过程的结果（Zhu and He，2013）。这些理论视角为制造业专业化和变革如何在中国解释提供了重要的解释视角，这是一个迄今为止在学术文献中相对较少受到关注的话题。然而，这些已有的理论主要是解释地区经济差异，而已有的关于中国制造业专业化和产业集聚的解释框架尚未建立。

地区制造业专业化与集聚在不同国家或地区均得到了大量研究。然而，关于为什么一些国家或地区会专门生产某个行业的产品以及产业为什么会集聚在某一些特定的地区，理论上还存在一些争论。在实证方面，学者们归纳出了一个地区制造业专业化和集聚的众多原因（Parker and Tamaschke，2005；Ezcurra et al.，2006；Wei，2007；He et al.，2008；Peker，2012；He et al.，2016；Wang et al.，2016；Wu et al.，2018）。通过梳理发现，已有研究中揭示的核心影响因素可以分为三大类：（1）与地方化效应相关的因素；（2）与城市化效应相关的因素；（3）与全球化效应相关的因素。本章接下来将从这三个方面入手来解释地区制造业专业化和产业集聚的形成与变化，基于已有研究争论，提出主要假说。

一、基于地方化视角的地区制造业专业化与集聚研究与本书假说

地方化要素因素主要是指那些能被本地使用并可诱导其经济发展的因素。值得注意的是，这里讨论的地方化视角与地方化经济有所不同。地方化经济

理论主要强调同一类型企业在某个地区的集聚，通过劳动力共享、知识溢出以及供应链关系来提升企业的效益与市场竞争力（Marshall，1890）。该理论主要强调企业之间的关系，关于这方面的研究已经有很多。而本书所讲的地方化着重于强调本地区相比于其他地区的比较优势或通过地方政府作用介入而创造出的新地方优势，更加强调地区具有的发展优势。地方比较优势、区位优势以及政府作用的介入会对地方产业发展的功能、类型以及演化发展产生重要影响（Ricardo，1817；Hoover，1937；Storper，2010）。这是因为地方化要素的影响，会引发产业发展类型与企业区位选择的差异性，进而会影响不同地区生产类型的分异与产业分布特征的变化，进而形成了地区产业的专业化与集聚分异。从地区专业化而言，制造业专业化被认为与特定地区在经济生产中的区位优势有关。由于市场竞争，一个地区往往专门生产那些它拥有自然或技术优势的商品（Ohlin，1935；Hoover，1937；Renner，1950）。斯密（Smith，1776）的绝对优势理论认为，专业化的形成主要是由绝对优势的差异所驱动的。绝对优势主要是指劳动生产率的绝对差异，即每个国家会选择在特定行业生产的商品类型，形成专业化分工（Smith，1776）。因此，制造业专业化可以从丰富的自然资源禀赋、丰富的廉价劳动力和技术进步中获得提升（Hoover，1937；Renner，1950）。

然而，绝对优势理论并不能解释一国在各方面都优于他国的制造业专业化模式。由于生产不同产品过程中机会成本的差异，认为制造业专业化的主要驱动力是比较优势。根据比较优势理论，不同国家生产不同产品的机会成本是不同的。在自由贸易下，一个国家不会生产所有的产品，而是选择具有比较优势的特定类别的产品来生产（Ricardo，1817）。实证研究中发现劳动力、原材料、技术和技能等不同生产要素组成的比较优势对专业化具有显著的正向影响（MacDougall，1952；Balassa，1963；Dosi et al.，1990）。例如，由于比较优势的差异，在经合组织国家中，丹麦在肉类和肉制品方面高度专业化，意大利在服装方面有一定的专业化，日本消费类电子产品方面具有比较优势（Dalum and Villumsen，1995）。然而，比较优势不是静态的，而是随着经济发展而变化的。例如，从1856~2002年西班牙经济专业化的演进情况表明，在制造业增长的早期阶段，要素禀赋，如农业或矿业资源发挥着更大的作用，而人力资本在制造业发展后期阶段发挥着越来越重要的作用（Betrán，

2011）。这就表明，地方比较优势对制造业专业化的影响会随着时间推移发生新的变化。特别是随着 20 世纪 90 年代以来新经济地理学的发展，认为交通条件的改善会强化地方出口其在母国市场占据重要地位的产业，进而通过规模经济来强化专业化优势（Krugman，1991）。

比较优势的动态变化特征表明了创造和培育区域比较优势的重要性。随着全球经济的不断发展和运输成本的下降，区域间要素禀赋的差异性逐渐减弱。因此，其他非要素禀赋将在专业化中发挥重要作用。区域机构和政策与国家机构框架相互作用，创造区域工业发展的特定模式，这可能为区域偏离国家制造业专业化模式提供一个解释。通过对土地利用、基础设施建设和重大公共投资的调控，地方政府可能对劳动力市场条件或商业网络的形成以及制造业专业化具有很强的选择效应（Storper，2010；张凡和宁越敏，2019）。例如，在澳大利亚的 Dresden 地区，政府主导的产业协调措施可以促进信息和通信技术的专业化，而在 Adelaide 地区由于政府机构的政策机制是分散和不连贯的，不利于专业化的发展（Parker and Tamaschke，2005）。

另外，区域间商业投资的激烈竞争也可能意味着区域发展优惠政策的差异，例如各种国家级、省级乃至市级或县级开发区的建设。从我国产业发展的趋势来看，开发区的建设无疑是我国最具特色的一种经济发展模式。就长三角地区而言，根据《中国开发区审核公告目录》（2018 版），长三角地区的省级以上的开发区已经将近 350 个。从开发区的具体类型来看，各种开发区存在着较大的差异。然而，可以发现很多开发区定位为高新技术产业开发区，但具体产业类型之间却存在较大的相似性。很多产业开发区均有医药制造业、电子信息产业、装备制造业等定位，同时一个产业区内可能拥有几个类型的制造业门类（多数开发区的产业定位功能在三个产业类型或以上）。例如，浙江淳安经济开发区的定位的主导产业为电器机械器材、纺织、酿酒三个行业，江苏射阳经济开发区的主导产业为航空装备、大数据、智能制造。首先，从产业类型来看主导产业之间的相关性较弱。这样的产业功能定位，会影响到整个县域的专业化水平，因为其制造业发展方向存在显著内部差异。其次，一些县域的经济发展水平与区位条件并未适合发展先进制造业或智能制造业，而将产业开发区定位规格太高，在招商引资的过程中会因为吸引非本地专业化优势的产业入驻，或这些产业与本地专业化优势产业相关性较小，最终会妨碍本地专业化优势产业的壮大与发展。同时，多数开发区主导产业具有较强的相似性，不利于制造业专业化分工展开（张学良和李丽霞，2018）。因此，地方化政府因素的作用可能不利于地区制造业的专业化发展。

从地方化要素对制造业的集聚而言，自然要素和社会要素的比较优势是促进产业集聚的重要因素（Fujita and Hu，2001）。比较优势是制造业区位决定因素之一，也包含由特定区位条件而决定的空间外部性优势（韩峰和李玉双，2019），全球化因素强化了比较优势在中国产业定位中的重要性（He and Xie，2006）。产业集聚的原因研究，最早来源于马歇尔（Marshall）。马歇尔曾将地方化要素对产业集聚的作用主要体现在劳动力池、产业联系以及技术溢出三个方面（Marshall，1890）。该理论讨论的是一个地方在劳动力、产业关联以及信息溢出等方面的比较优势，不过该理论主要考察单一行业领域和特定行业集聚的地方竞争优势（Burger et al.，2007）。区位理论认为企业的布局选择会根据产业特性进行最佳区位选择，着重考察地方的劳动力、市场、交通等方面要素的优势，仍旧关注地方化优势对产业集聚的作用（Isard，1949）。新经济地理学认为交通成本改善是集聚的主要驱动力之一（Fujita et al.，1999）。这就说明本地比较优势可以为产业发展提供广阔的市场、便利的交通、配套的公共服务以及劳动力供给等诸多发展要素，企业为了获取不同地区产业发展的比较优势进行区位选择，从而影响了产业的集聚与分散。由于地方比较优势的存在，会促进本地产品生产的专业化。随着市场规模的扩大，专业化优势的产业又会吸引更多的相关性产业在本地集聚，以获得专业化的劳动力供给、产业之间的关联以及相关的企业信息溢出。在实证研究中发现，比较优势因素在很大程度上解释了北美自由贸易协定国家间产业的地理集中，表明了传统贸易理论在北美自由贸易协定案例中的经验相关性（Vogiatzoglou，2006）。

然而，在中国的实证研究中却另有发现。例如，贺灿飞等发现地方自然资源绝对优势并未促进中国省域尺度的制造业集聚（He et al.，2008）。另外，一些文献发现劳动力工资的增加反而促进了地区制造业集聚（Lu，2010）。在市场发达的东部地区，由于企业对市场的依赖大于其劳动力成本带来的负担，劳动力工资上涨并没有妨碍地区制造业集聚。在全球化时代，这里的劳动力成本即便大幅上涨，还是远低于西方国家劳动力成本的（张杰和唐根年，2018）。企业会在市场机制的集聚效应作用下，倾向于向市场规模较大的地区集聚（韩峰和李玉双，2019）。然而，市场规模的扩大又会强化产业之间的竞争，迫使一些产业趋于分散。例如，安树伟和张晋晋（2016）发现本地消费市场规模越大越不利于中国制造业的集聚。由于不同地区经济发展阶段的差异较大，地方化要素对制造业的作用结果会有很大分异。例如，交通条件改善会对不同地区制造业集聚产生差异化的作用，同时也会对因不同地区的产业类型差异产生不同影响结果（张杰和唐根年，2018；唐红祥，2018）。这就表明，地方化要素如劳动力、工资、交通等要素对制造业集聚的作用存在一定差异。

产业开发区是地方政府介入制造业发展的重要手段。由于地方政府会通过提供土地、税收、融资等各种优惠手段，来吸引外来企业不断向该地区集聚（韩峰和李玉双，2019）。由于企业在开发区内集聚能够较为容易的实现规模经济，同时受税收、土地等优惠政策的影响而降低要素生产成本，因此开发区成为了制造业企业的主要集聚区（高辰和申玉铭，2018）。尤其是省级以上开发区具有区位优势，可以成为国家区域发展战略规划发展重要的支撑点。因此，开发区的建设对于制造业集聚具有显著促进作用。已有文献中，也证实了产业开发区的建设会对制造业集聚产生正向影响（王舒馨等，2017；高辰和申玉铭，2018）。但是，地方政府通过政策诱导形成的企业"扎堆式"集聚可能促使各地区推行与当地优势条件不相适宜的产业发展和集聚模式，可能促进多类型产业的集聚（师博和沈坤荣，2013）。

综上所述，地方化优势对区域制造业的专业化与集聚会产生显著的影响，为了指导我们的实证研究，提出如下假说：

假说1：地方比较优势会增加长三角地区的制造业专业化，而地方政府的政策会根据干预的性质刺激或抑制制造业专业化或多样化。

假说2：地方化要素对制造业集聚的影响可能存在一定差异，而地方政府的政策干预可能会促进制造业集聚。

二、基于城市化视角的制造业集聚与专业化的研究与本书假说

城市化与产业结构的关系比较复杂。一般而言，工业化是城镇化推进的主要动力，城市化是工业化的自然和必然结果。同时，城市化的推进又会对工业化产生重要影响，这是因为城市化过程中创造的外部性经济可以为制造业的发展提供良好的发展环境，同时由于城市化的负外部性也会对制造业的变迁产生重要影响。城市化水平在经济增长的演进过程中由低向高演变，见证了一个国家或地区经济结构的变化（Scott，1986a）。制造业主导了经济起飞的主要时期，但最终被服务或技术部门所取代（Henderson，1997）。同时，城市化的推进也会导致产业结构发生变化，尤其会对制造业结构变迁产生重要影响。国外学者曾探讨过城市化与制造业发展的关系，但是由于发达国家多数地区的城市化进程已经完成，并且将诸多的生产环节已经转移到发展中国家。在这种形势下，探讨城市化与制造业的演变研究便显得相关性很弱，并且城市化对制造业演变的作用很小，导致西方的文献对二者之间关系的研究逐渐减少。

然而，从我国目前的发展形式来看，却是另外一番状况。我国城市化进程的推进主要得益于工业化进程，尤其是制造业的发展对城市化推进发挥了重要作用。但是，随着城市化进程的推进，也会对制造业的发展产生重要影响，即城市化的推进会对制造业的发展形成挤压。中国的城镇化曾被誉为是21世纪带动世界经济发展的"两大引擎"之一，是我国社会主义现代化建设的重要方略之一。根据《中国统计年鉴2017》统计，2017年中国的城镇化水平已经达到58.52%，同期，长三角地区的城镇化率为74.8%。从城市化发展阶段来讲长三角地区的城镇化已经进入到质量提升阶段。回顾整个长三角地区的城市化演进过程，地区产业结构也经历了巨大变化，尤其是工业在地区经济份额中的比重呈现出巨大的变化。例如，从长三角地区城镇化与工业化演变的过程可以发现（见图2-1），20世纪90年代以来长三角地区的城镇化正在经历着快速的推进过程，而工业化却表现出显著的下降趋势，且二者之间的差距越来越大，二者存在一定的背向发展特征，这可能表明整个地区制造业的发展对城市化的作用已经十分有限，而城市化的推进会对制造业的发展产生重要的不利影响。

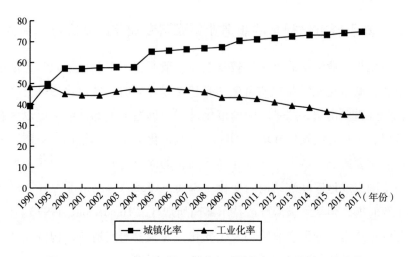

图 2 - 1 1990 ~ 2017 年长三角地区城镇化与工业化的总体变化

资料来源：长三角各省市统计年鉴。

　　具体看来，城市化对制造业的影响主要通过城市化经济与城市化不经济产生作用（Burger et al.，2007）。从长三角的城镇化和工业化演进过程来看，工业化对城镇化的推动作用在显著下滑，即表明第三产业的作用越来越大。在这种形势下，由于城市化经济或城市化不经济效应的存在（Richardson，1995），便会对企业的区位选择产生重要影响，从而影响到不同类型制造业乃至整个制造业在地区分布产生变化，最终影响到不同地区制造业空间分布与城市之间的制造业结构差异。

　　城市化经济使得不同行业的企业通过想法的交换从城市中获得利益（Jacobs，1969）。城市化经济来源其城市规模（Burger et al.，2007）。城市规模的增加，可以提供大量多功能的劳动力资源以及良好的基础设施和公共设施，同时人口相对密集的地区也更有可能容纳大学、研发实验室、行业协会和其他产生知识的机构（Isard，1949）。正是这些机构的大量存在，支持了专业化的生产和吸收，刺激了创新行为，对产业集聚可以起到良好的吸引作用。当一个城市发展时，这样的成本节约效益就会增加，因为一个较大的城市可以提供更多种类的中间产品和最终产品，从而使企业从外部范围经济中获得越来越多的回报（Quigley，1998）。这意味着企业将会选择集聚在城市化水平较高的地区，共享各种相关或不同的中间投入，获得商品和服务交易高效率，最终提高企业生产率（Abdel-Rahman and Fujita，1993；Malmberg，1996）。在实证中，关于美国（Moomaw，1988）、西班牙（Viladecans-Marsal，2004）、中国（李莉和张廷海，2017）等的案例研究中，学者们均发现城市化有利于制造业集聚。从具体行业来看，城市化作用对制造业的影响可能存在差异。有研究发现城市规模对计算机产业、化学制品业、汽车制造业以及食品制造业的集聚具有显著的正向作用（Viladecans-Marsal，2004）。由于城市化经济效应的存在，企业会集聚在某个城市进而推动城市规模的增长。随着城市规模的不断扩大，越来越多的异质性企业选择集中在大城市，这将使城市产业结构更加多样化（Peker，2012；Macheras and Stanley，2017）。大量的理论和实证研究集中在城市化对城市经济专业化和多样化的影响上。已有研究的一个普遍结论似乎是，大城市在经济上比小城市更加多样化（袁冬梅等，2020）。相关的实证研究也发现，美国（Macheras and Stanley，2017）、欧盟（O'Donoghue and Townshend，2005）和中国（Su，2018）的城市规模与产业多样性呈正相关。

然而，随着城市化的发展，城市化效应带来的不经济性开始出现，也称为城市拥挤效应，可能开始凸显（宁越敏，1997；Burger et al.，2007）。当一个城市发展较快时，通勤成本、土地租金和劳动力工资增加，对运输成本更高、土地和劳动力需求更大的产业部门可能会向外围地区转移（Scott，1986b）。因此，也有学者发现随着城市化水平的不断提升，制造业会因中心城市的成本较高而趋于转移到外围或其他地区。也就是说，由于城市化不经济的影响，制造业会趋于分散，这取决于城市化发展的阶段。从相关的实证中，吴加伟等（2018）发现在长三角地区，城市化水平与制造业的集聚存在显著的负向关系，不过在具体的地区分类和产业分类中却存在一些差异。这是因为在我国目前的新型城镇化道路中城镇功能还处在不断完善的阶段，加之传统城镇化之路带来的各种城市化问题，因此城镇化的发展对制造业集聚的助推效应不甚明显（白珊，2018）。不过，还有学者发现城市化与制造业集聚之间具有倒 N 型关系，城市化对制造业集聚主要通过促进效应和拥挤效应产生作用，但是拥挤效用比促进作用会更早地出现（尹希果和刘培森，2014）。陈曦、席强敏和李国平（2015）发现城市化水平与制造业集聚存在倒 U 型关系，即存在拐点作用转变，即当城镇化水平低于 36.26% 时，城镇化的推进会促进制造业集聚，当城镇化水平超过 36.26% 后，城镇化水平的进一步提高反而导致制造业分散。王佳和陈浩（2016）也发现中国城市规模与制造业的集聚存在倒 U 型关系。

城市化经济和城市化不经济对产业结构的综合影响是复杂的，取决于城市的条件及其部门专业化的性质（Rodriguez and Feagin，1986）。地方化经济进一步加剧了这些问题，而地方化经济带来的规模回报越来越高。大城市更加多样化的一般规律也有例外（O'Donoghue and Townshend，2005）。例如，纽约或伦敦的城市都趋向于很强的专业化。在特定的假设下，理论模型揭示了大城市在可贸易商品的生产方面往往更加专业化（Abdel-Rahman，1996）。洛杉矶的电影产业、旧金山的高科技产业和纽约的金融产业似乎都验证了这种理论表述。因此，由于不同地区城市化水平的差异，专业化程度存在较大差异。实证案例表明，人口规模较小的外围城市倾向于专注于制造业，而较大的城市倾向于专注于城市体系中的服务业和高科技行业（Ezcurra et al.，2006）。这是因为外围地区普遍处于快速工业化阶段，经济结构相对简单。与此同时，外围地区城镇化水平较低，城市规模较小，劳动力成本低廉，成为制造业专业化地区。

具体而言，城市化对地区制造业的具体作用主要通过城市规模的增长、发展阶段的变化以及外来人口的进入产生影响。同时，由于受这几个要素的影响，导致地区内部可能形成核心与边缘的城市分布特征。从我国城市化发展的变化来看，城市规模的扩张，主要受城市户籍人口的变化与外来人口的进入两方面的影响。城市规模的扩张会提供制造业发展的所必需的劳动力资源与市场资源，这对制造业具有较大的吸引力。从已有的实证可以发现，高端制造业也主要分布在规模较大的城市，因为大城市可以提供多样化环境并产生技术溢出和创新活动，从而提高企业的效益（Henderson，2014）。但是，制造业在不同规模城市的集聚与分散过程会因行业自身的发展阶段而异，制造业会利用大城市的多样化环境开发新的生产过程，当生产技术逐渐成熟并标准化后，企业将重新布局到专业化中小城市（Duranton and Puga，2001）。虽然，制造业企业会随着产业发展阶段产生变化，但可以发现企业更倾向于向大城市集聚。随着城市化进程的推进，制造业与服务业对城市经济增长的主导作用在发生变化。由于城市经济结构的变化，城市化生产成本会提升，会导致制造业企业发生区位转移。然而，在地区经济发展具有较大差异的中国而言，尤其是长三角地区与别的地区存在着较大的经济发展阶段差异，可能会导致企业仍然愿意集聚在这里，因为这里获得的城市化经济会抵消城市化不经济带来的影响。

从上述分析来看，城市化推进会对制造业集聚与分散、专业化与多样化产生重要影响，也有学者试图揭示二者之间的关系。不过，令人遗憾的是，这些结论存在较大差异。例如，就城市化对地区制造业专业化或多样化的影响就存在正向、负向以及倒 U 型关系三类。而城市化对制造业集聚的作用也存在诸多争议，即存在正向作用、负向作用、倒 N 型、倒 U 型等多个争议，这主要与不同地区城市化发展的阶段性以及所选取的指标有一定关系。虽然存在这么多争议，但是已有的这些研究无不揭示一个事实，那就是我国城市化进程的推进，会对地区制造业的专业化与集聚产生重要作用。因此，我们提出以下几个假说：

假说 3：城市化推进不利于长三角地区制造业专业化。

假说 4：城市化推进对制造业集聚的影响可能是正向的，即制造业仍然倾向于集聚在高度城市化地区。

三、基于全球化视角的制造业集聚与专业化的研究与本书假说

经济一体化是第二次世界大战后世界经济发展的主要趋势（Dicken，2003）。新国际劳动分工推动着经济全球化向纵深方向发展，加速了全球经济地理的不平衡发展。运输和通信技术的进步以及全球贸易协定等，大大减少贸易壁垒，不仅刺激了全球贸易的增长和扩大，而且加速了由全球跨国公司主导的外商直接投资流动（Kozul-Wright and Rowthorn，1998）。加之发达国家内部生产成本的不断上涨以及去工业化趋势推进，跨国公司开始在全球寻找最佳生产区位，结果对全球产业发展尤其是对制造业全球地理布局产生重要影响。在制造业全球转移浪潮下，制造业产业共经历了多次转移浪潮，即先转移到日本、再转移到"亚洲四小龙"、然后是中国、东南亚等国家和地区（潘悦，2006）。但是，这种制造业向发展中国家的转移过程并非是制造业的分散，而是越来越集聚到少数地区，外商投资与贸易主要向发展中国家中参与全球化程度较高的地区集聚，集聚与分散具有区位上的选择差异性

（Henderson et al.，2001；He et al.，2008）。

从理论上讲，全球化促进了生产要素向低成本的发展中国家转移，推动生产要素在全世界范围内优化配置（郭重庆，2001）。随着全球化深入和国际贸易的增长，由于中国沿海地区具有更接近国际市场的地理优势而最早参与全球化生产，并集聚了大量制造业企业（冼国明和文东伟，2006；高虹，2019）。在这种形势下，中国大城市群地区成为全球资本迁入的主要空间载体（黄亚平和周敏，2016）。由于长三角地区和珠三角地区最先受到全球制造业转移的影响，导致这些地区受到全球化的影响最大，很快成为外资企业的核心集聚区，并迅速成长为中国主要的制造业集聚中心（Wu et al.，2018）。外国资本和外资企业的大量进入对地方产业的分布与内部产业结构类型产生了重要影响，同时影响到了地区内部产业发展的类型。同时，由于地区经济发展与结构变化，重塑了沿海地区的制造业产业类型与不同制造业在地区内部地理分异。

全球化是中国经济转型期的一个重要催化剂，它提供财政资源、技术、管理技能和市场，这些是改造和改组从指令性经济继承下来的过时工业系统所必需的（He et al.，2008）。经济全球化作为推动我国产业集聚与专业化分异的重要因素之一，在已有研究中得到了充分重视（Fujita and Hu，2001；He et al.，2008；Ge，2009）。全球化对地区产业结构的影响途径主要是通过跨国公司的战略和行为。跨国公司的兴起是当代全球化主要特征。生产国际化是由跨国资本全球流动所引导的（Portes，1996）。由于全球化程度不断提高，外商直接投资（FDI）在过去大幅增长，成为外商投资的主要组成部分（Razin and Sadka，2004）。跨国公司 FDI 可以导致两种类型的全球经济重组和一体化（Alfaro and Charlton，2009）。第一种是纵向经济一体化，即总部活动仍留在国内市场，FDI 东道国主要关注使用廉价生产投入的生产活动（Timmer et al.，2014）。纵向一体化的结果增加了全球经济的碎片化和专业化（Jones，2000）。纵向一体化理论认为，FDI 流动只发生在不同经济发展阶段的国家之间。生产性外商直接投资从保留总部活动的发达经济体流出。处于早期经济发展阶段的国家和地区成为 FDI 的目的地，并形成了劳动密集型制造业中心（康江江、张凡和宁越敏，2019）。然而，经验证据与这些理论结论相矛盾，因为大量的外商直接投资在经济结构相似的国家之间流动

（Carr et al.，2001）。例如，汉森（Hanson，2005）认为，现实世界中的 FDI 大多是水平的，而不是垂直的。横向一体化的理论认为，跨国公司寻求进入外国市场，在那里建立新工厂的成本低于关税和运输成本（Horstmann and Markusen，1992；Markusen，1995）。当外国市场的规模很大时，这种外商投资特别普遍。由于跨国公司通过在世界各地建立子公司来重复生产活动，横向 FDI 的流动往往会降低制造业专业化（Hanson et al.，2001）。全球化影响是混合的，这取决于所使用的具体测度全球化的指标。外资企业进入会对本土企业的发展产生挤出效应，尤其是由于外资企业的技术与资金优势，不仅与本土企业竞争市场、劳动力等各项要素，同时通过其自身的发展优势将地方企业挤出竞争市场，从而对地区制造业专业化产生影响（李建华，2019）。

　　由于外国资本与外资企业向发展中国家的新兴地区转移，导致外资集聚区往往成为重要的制造业生产中心。以手机零部件制造业为例，为苹果手机供应零部件的外资企业将生产部分主要集中在中国的长三角、珠三角、京津冀、成渝以及中原城市群等地区，而且在长三角和珠三角地区集聚的生产商最多（康江江、张凡和宁越敏，2019）。而从发展阶段的差异来看，明显长三角与珠三角地区的经济发展实力更强且距离国际市场更近。这就表明外资企业愿意集聚在中国较为发达的城市化地区，外资促进了中国制造业集聚（He et al.，2007）。从相关的实证来看，外资会对中国制造业集聚过程产生重要的作用，外资进入会促进中国制造业的整体集聚，且对高技术制造业集聚的推动作用会更强（袁园，2013；蓝梦芬，2018）。但是，这仅仅是从中国整体发展阶段而言的。从分地区的研究结论来看，实证发现外资的进入并未推动珠三角地区的制造业集聚，反而加速了制造业的区内转移（潘峰华等，2011；李燕和贺灿飞，2013）。这是因为，由于沿海发达地区的生产成本的上升，导致很多外国资本或外资企业进入了地区内部的其他城市，从而引起了制造业的地理扩散（潘峰华等，2011）。这就表明受区域发展阶段的影响，外资对地方制造业集聚与扩散会因地区发展阶段的不同而产生不同作用。尤其是对发达的沿海地区而言，外资进入不仅会扰乱地区制造业的内部结构，对地区制造业专业化产生影响，同时会对制造业在地区内部的集聚产生不利的影响。

　　全球化对地区制造业发展的影响也会从另外一个方面反映出来，即表现为地方参与全球化的程度，主要通过参与全球贸易市场的竞争来体现。古典经济学理论认为，基于要素禀赋和比较优势的国际贸易可以为参与国带来经济效益，促进其制造业专业化（Martin and Sunley，1996；Cho and Moon，2000）。国际贸易的增长也推动了全球产品市场的扩张。根据史密斯（Smith，1776）的观点，劳动分工受到市场范围的限制。也就是说，专业化会随着市场的不断扩大而加深。因此，通过国际贸易扩大全球市场可以促进地区制造业专业化水平的提升。埃西尔（Ethier，1982）认为，专业化程度更多地取决于世界市场的规模，而不是国内市场，强调了日益增长的国际贸易对经济专业化的重要影响。新贸易理论认为，规模经济和全球化带来的贸易成本下降对产业集聚和专业化是必不可少的，结果会导致制造业区位差异的变化以及制造业分布产生重要影响（Krugman，1979；Krugman，1991；Krugman and Venables，1995）。贸易全球化在规模和程度上都增加了市场准入（Dicken，2003）。它通过降低市场的交易成本来加强本地比较优势的制造业专业化（Krugman，1993）。例如，1993年北美自由贸易协定签署后，墨西哥的所有地区，尤其是与美国最接近的那些州，都实现了制造业专业化的增长（Gómez-Zaldívar et al.，2017）。由于出口产品的专业化可以在国际贸易中获得更多回报，只有专业化的产品才能在激烈的国际竞争中生存（Smith and Stewart，1963）。换句话说，一个地区在融入经济全球化的过程中可以增强其专业化优势。以德国为例，随着对外贸易数量的增长，导致了进口竞争地区的大量就业损失，但以出口导向型为主的地区则就业增长强劲，并加强了制造业专业化（Dauth et al.，2014）。因此，增加全球贸易对制造业专业化有积极的作用。

同时，沿海地区由于对外联系方便和政策优惠，推动国际贸易获得了快速的发展，加速了商品和各类生产要素的自由流动，强化了贸易专业化过程，促进了产业集聚的形成（顾绣敏，2009）。更进一步，出口较强的企业会更加倾向于集聚在一起并加强产业联系，以便于更好地共享基础设施和信息交流，从而更好地获取到市场信息，以减轻各类不确定因素的不利影响（He et al.，2007）。随着出口贸易不断增加，会形成地方制造业规模经济的发展，由于行业自身的自我增强会强化制造业集聚。已有实证中均发现参与全球贸易程度的不断增强，会促进制造业集聚水平的提升（潘峰华等，2011；汪荔，2011）。

综上所述，全球化对专业化的影响主要表现在两个方面。贸易全球化和增加与全球市场的联系有利于提高生产专业化，外商直接投资或外国分支机构的影响可能不利于专业化发展。因为在塑造制造业专业化的过程中，FDI的垂直和水平一体化的作用可能会相互抵消。同时，由于外资企业在长三角地区扩散效应的存在，外资进入会不利于该地区制造业集聚。而出口贸易的增长，有利于制造业的进一步集聚。这就表明全球化对制造业集聚的影响具有两面性。因此，全球化对长三角地区制造业的专业化和集聚的影响可能表现在两个方面，即提出如下假说：

假说5：在长三角地区，全球化的作用可能具有两面性，即跨国资本进入对制造业地区专业化的影响可能是负向的，而出口和与全球市场日益紧密的联系将增加长三角地区制造业专业化水平。

假说6：跨国资本进入可能促进制造业的分散发展，而参与全球市场将促进制造业集聚。

四、地方化、城市化与全球化分析框架构建

基于上述的分析可以发现，地方化、城市化与全球化三个要素的综合作用共同影响了长三角地区制造业的发展，结果会导致长三角地区内部制造业专业化与集聚的产生分异。因此，在前文分析的基础上，笔者建立以下框架机制（见图2-2）。

地方化要素主要包括本地优势要素和优势重建两个方面。本地优势要素主要是指地方相比于其他地区的竞争优势要素，具体可以为地方的劳动力、土地、市场、交通等方面具有的发展优势，这些要素都会强化地方比较优势，促进地区制造业专业化。同时，由于本地优势的存在又会强化地方的区位优势，降低产业发展的生产和交易成本，从而对产业集聚提供强大的吸引力。但是，这些地方比较优势可能会随着整个区域经济的增长而弱化，因为彼此之间的优势差异在缩小，从而促进产业扩散。而本地比较优势的重建则主要是通过地方政府力量的介入，通过人为作用营造一种良好的产业发展环境和相关政策和税收方面的优惠，来吸引制造业企业的到来。最具代表性的做法就是产业开发区的建立，通过划定产业开发区的四界，降低园区的内土地的租金和减免相关的税费，同时通过定位产业开发区的功能来吸引相关企业的

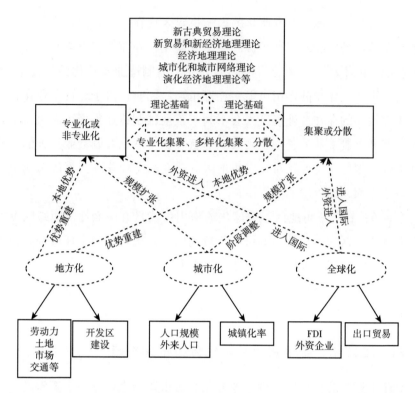

图 2 - 2 基于地方化、城市化与全球化的地区制造业专业化和集聚的分析框架

入驻。中国有很多地区建立了县级及以上的产业开发区，根据《中国开发区审核公告目录》（2018 年版），国务院批准的省级以上开发区全国就有 552 家，并且通过政策引导将制造业企业都集聚到产业开发区中，进一步促进了产业集聚。但是，产业开发区的功能往往具有两个或三个以上，可能吸引了产业相关性很弱的企业入驻，同时由于很多园区对产业功能定位具有较强的相似性，便会导致非本地优势产业入驻，不利于形成专业化优势，结果导致地方制造业的多样化。

城市化要素则主要通过城市规模扩张和发展阶段调整来反映城市化具体作用。城市规模主要反映了城市化经济的作用。从城市化经济的角度而言，由于城市化经济带来的外部性范围经济的存在，导致城市规模扩张会促进企业向大城市集聚，从而进一步推动了产业集聚。同时，可以为产业发展提供良好的基础设施配套和信息交换，从而促进了不同产业向城市集聚，最终导致了产业多样化。就我国而言，由于户籍制度的存在，城市规模的扩张主要体现在户籍人口的自然增长与外来人口的进入，两者的共同作用促进了城市规模的提升。但是，由于我国有很多人口规模较大的城市，但是城镇化率却很低，表明其仍旧处于城市化的低级阶段。因此，考虑城市要素作用就必须加入城市化率的变化，城市化率是反映一个城市现代化的标志，城市化率由低到高也会反映城市化推进对产业结构的调整作用。通过城市产业结构调整，如"退二进三"会挤压制造业发展的空间。同时，由于城市化阶段变化，也会将一些低端制造业挤出，会着力发展先进制造业，而降低传统制造业的比例。不过，因为城市化经济的存在，仍旧会使得不同类型制造业在城市中集聚。因此，由于城市化阶段的变化，会促进制造业多样化发展。

全球化要素则主要通过外资进入和进入国际两个方面发挥作用。首先，经济全球化深化的一个突出表现便是生产与销售的分离，即跨国公司通过在全球寻找最佳生产区位，按照不同国家的比较优势，将不同生产环节布局到该环节最佳的区位中。一般而言，在地区发展的早期，外资企业进入会促进制造业的进一步集聚，因为企业可以利用外资企业获得技术溢出和信息交流。然而，随着地区经济的快速增长，各类生产成本的上升，外资开始向地区内其他区域布局，导致制造业趋于分散。同时，外资企业主要向大城市集聚，与本土企业展开竞争，推动市场的饱和，反而不利于制造业集聚。更进一步，外资进入中国主要考虑地方的生产成本优势或政策优惠，而很少考虑地方的产业专业化。同时，地方在吸引外资进入时并未很好地考虑外资企业的产业类型与地方产业之间的产业关联性，引进了很多与本地产业无关的产业，从而促进了制造业多样化。其次，全球化打开了地方与全球联系的通道，地方可以通过将本地优势产业出口到全球市场中。由于全球贸易互补性的需要，地方将会生产本地的专业化优势产品参与全球竞争，通过市场竞争获得规模效益，从而促使更多的相关性产业在本地发展与集聚，从而进一步强化了地区制造业专业化水平。

由于地方化、城市化与全球化三个要素的作用，会造成地区制造业专业化和集聚。然而，专业化/非专业化和集聚/分散又是两个密切相关的地区产业特征的表现。由于专业化的存在会强化优势产业的市场竞争，并提升企业效益。而产业集聚也会进一步提升某个行业的规模经济，促进地区专业化的形成。同时，由于对地区比较优势和区位青睐，不同产业均会向同一个地点集聚，结果便会促进地区产业多样化。而多样化的存在，可以促进产业之间的信息交流和共享基础设施，降低交易成本与信息成本，可能促进多样化产业的集中。但是，随着产业自身的发展，当产品进入行业成熟期后，产业更加偏向于专业化集聚。因此，专业化/多样化与集聚/分散之间是两个相互影响、相互作用的关系，最终会驱动地区制造业的整体变迁。因此，本书首先测度地方化效应、城市化效应与全球化效应对制造业地区专业化和集聚影响。

应该注意的是，专业化/非专业化和集聚/分散二者之间的相互作用造成的地区制造业的发展格局便是某个具体产业的专业化集聚、多个不同类型产业在地区的集聚、地区的非专业化且产业分散三种产业发展特征。从已有的研究来看，马歇尔—阿罗—罗默外部性（MAR）模型强调专业化集聚对经济增长有重要推动作用，而雅各布斯则强调多样化产业集聚对地区经济具有重要的推动作用，演化经济地理的相关研究则强调相关多样化对地区经济的推动作用，相关多样性与专业化集聚和多样化集中有所区别，但是本质上来讲强调的是产业之间的技术关联性对地区经济的作用。而波特（Porter）产业集群的思想虽然重视产业及其配套设施的有机组合，但是其核心也是强调地区内部产业之间的具有较强合作关系的产业集聚。克鲁格曼（Krugman）的新经济地理中强调产业之间紧密的供应链关系趋向于集聚在一起。可以发现，已有多数理论的核心还是强调地区发展过程中主导产业的专业化集聚（相关多样化是一种更宽层次的专业化集聚）。因此，笔者认为在阐明了地方化、城市化与全球化对地区制造业专业化与集聚的影响之后，应该选取在当地具有典型性与代表性的主导行业进行案例分析，以进一步阐明本书提出的解释框架的有效性，同时，在具体的政策中，应该着重从某个专业化的行业入手去提出具体对策建议，这样强化实践的可操作性。其原因在于，就县域经济体系而言，专业化集聚经济的形成是其经济增长的原始动力与引擎，且更加有利于县域经济竞争力的提升。因此，本书在最后一章的研究中，利用案例分析方法，选择了长三角地区具有典型代表性的2位数门类主导产业进行实证分析，并检验地方化效应、城市化效应与全球化效应的具体影响以及作用强度。

第三章

研究区域、数据来源与研究方法

本章主要介绍研究区域的选择，主要数据来源以及具体研究方法。主要包括长三角地区的范围界定、具体研究单元的尺度、企业数据的处理及行业代码的统一以及测度地区制造业专业化、集聚以及专业化集聚的方法以及数据描述和空间统计方法等。

第一节　研究区域界定

城市群是指在一定的地域范围内，由若干个具有一定经济规模、人口规模、且内部差异较小，彼此之间存在紧密的人员、资本、信息等要素联系的城市集聚区（宁越敏，2016）。城市群是城市化空间组织的重要形态，作为推进国家新型城镇化的主体，不仅是区域经济的核心地区，在国家的经济发展中具有重要的引领作用（宁越敏，2011；宁越敏，2016），更是支撑全国经济增长、促进区域协调发展、参与国际分工合作的重要平台（李仙德和宁越敏，2013；王振波、梁龙武和王旭静，2019；张凡、宁越敏和娄曦阳，2019）。根据宁越敏（2012）的研究结果，中国一共有 13 个大城市群，是推动区域经济发展的引擎。而城市群地区是指城市群所在的更大的区域，即主要以核心的城市群为主要载体，延及周边与其紧密联系的地市组成的地区。由于我国行政区划的影响，城市群地区主要是指城市群区域以及本省其他地市组成的范围（毕秀晶，2013）。

本书认为，在城市群地区范围内研究制造业专业化和集聚的动态演变，可以更好地反映整个地区制造业的演变特征。因此，本书以长三角地区作为研究对象展开分析。其中，长三角城市群以宁越敏（2011）的大城市群界定方法作为城市群的界定标准，主要包括上海、南京、杭州等 16 个城市（毕秀晶，2013；宁越敏，2016）。更进一步，为了展开长三角地区的制造业研究，本书提到的长三角地区主要是指长三角 16 个城市组成的城市群以及周边的邻近地市组成的区域，即在空间范围上选取上海、江苏、浙江作为本书的研究对象并将其称为"长三角地区"（毕秀晶，2013；毕秀晶和宁越敏，2013；宁越敏，2016）。

值得注意的是，本书并没有将安徽省考虑在内，这是因为虽然《长江三角洲区域一体化发展规划纲要》提出安徽省的很多地市作为长三角城市群的成员，但是这些地市的经济实力、城市规模、城市化水平仍然与长三角城市群其他地市存在差距，同时与传统的长三角地区的地市的联系比较弱（马卫等，2015；吴常艳等，2017；宁越敏，2020）。同时，从现有的研究结论来看，安徽并未形成明显的产业集聚特征，而上海、江苏和浙江则具有明显的产业集聚特征，集聚排名居于全国前五位（Guo et al.，2020）。例如，2017年安徽省制造业就业规模仅为江苏省的 26% 以及浙江省的 40.5%，同时，2016 年制造业产值规模仅为江苏的 28.5% 和浙江的 68%，表明安徽省制造业总体规模与江苏和浙江存在较大差距。最后，本书主要以县域尺度展开研究，而安徽省内很多区和县的经济数据统计缺失，且获取难度巨大，不利于整体研究展开。因此，并未将安徽考虑在内。

在具体的空间分析和实证模型中，主要以县域尺度为基本单元，具体包括市辖区、县级市、一般县。县域作为我国行政区划的基本单元，具有较强的经济独立性。同时，将研究对象确立为以县域单元为地理尺度，可以更好地发现其本地优势（Guo et al.，2020；刘汉初等，2020；罗奎、李广东和劳昕，2020）。本书以 2013 年上海、江苏、浙江的行政区划为参考标准，将每一个县、县级市和市辖区作为独立的研究单元。例如，上海的黄埔区、静安区、徐汇区等所有的区、县均当作一个独立的单元进行分析，其他省份的选择单元也与此相同。由于 2000~2013 年长三角地区的县域以及内部乡镇发生过很多的行政区划调整，为了进行时间上的数据比较，对 2000~2013 年行政区划发生过调整的县域进行合并处理。更进一步，由于县域行政区划的调整还包括乡镇的撤销与合并，通过百度搜索和查阅相关的资料，基于两省一市的乡镇尺度矢量图，将发生过行政区划调整的乡镇和县域按照最新的 2013 年的行政区划归属，将历年的数据进行统一，最终获得了 207 个县域研究单元。

为了进一步辨析地理空间作用对制造业变迁的影响是否存在分异，首先利用已有研究中界定的长三角城市群（16 个地市）的范围，将属于长三角城市群的县域定义为中心城市化地区，属于长三角城市群外围的县域界定为外围城市化地区。更进一步，在长三角城市群内部，根据张欣炜和宁越敏（2015）和宁越敏（2016）对都市区的界定研究的基础上，将长三角中心地区继续划分为两类：核心城市化地区和次核心城市化地区。因此，本书将长三角地区 207 个县域单元划分为三类：核心城市化地区、次核心城市化地区以及外围城市化地区。其中，核心城市化地区包含 66 个县域单元，主要以核心城市的中心市区为主；次核心城市化地区包含了 67 个县域单元，主要包括核心城市周边的城市为主；外围县域包含了 74 个县域单元，主要以苏北、浙西南地区的县域为主，其在空间上呈现出典型的核心—外围空间结构特征。

第二节　研究数据与研究方法

一、研究数据与处理

本书核心数据主要是利用整个长三角地区的制造业企业微观大数据，数据主要来源于《中国工业企业数据库》和《中国工业企业经济普查》，包括企业的地址信息、行政区划归属、行业代码以及各种经济效益指标等，将这些企业地址信息统一到 2013 年的行政区划中，比便于更好地揭示不同县域制造业的时空变化特征。本书之所以使用两套数据的原因是，《中国工业企业经济普查》包括了地区所有的制造业企业，可以更好地反映地区制造业专业化地区差异。但是，这套数据缺失了很多必要的企业经济属性数据。而《中国工业企业数据库》正好弥补了这一缺陷，这套数据主要包括了地区规模以上的制造业企业及其经济属性指标，由于规模企业的集聚经济较为显著，因此利用这套数据研究地区制造业集聚特征较为合适。两套数据的结合使用是为了相互弥补，更好地反映地区制造业的演变特征。同时，基于研究的需要，对原始的企业数据进行了相关的处理，具体如下。

1. 中国工业企业数据库数据的相关处理

首先，书中使用的制造业企业数据主要来源于中国工业企业数据库（2000～2013 年）。由于本书主要考察的是制造业门类企业，因此剔除数据库中的"采矿业""建筑业""电力、燃气及水的生产和供应业"三个2位数行业门类。

一般而言，现有的工业企业数据库数据主要是1998~2013年，然而本书还需要企业的行政区划和地址信息来确定企业的地理位置，而1998~1999这两年的数据中出现了数量较多的企业地址信息不完整的情况，如苏州、徐州、扬州等较多数量的江苏省地市的企业信息仅仅提供到乡镇或一些县尺度，缺失较为详细的企业的村一级或门牌地址信息。同时，这两年的很多数据信息缺失，难以获得较为准确的县域行政区划信息，不利于本研究开展。由于本书主要以县域尺度为研究单元，因此考虑到数据的有效性，并未采用这两个年份的数据。

中国工业企业数据为微观大数据，但是其微观样本存在部分指标缺失、一些指标异常值、录入误差以及指标定义模糊等问题。为了获得精准数据，剔除了经济指标缺失或不符合统计原则的企业。例如，工业总产值、固定资产原值、职工数、总资产等数据不存在或为零的企业，将整个工业企业数据库信息进行处理和统一。

2. 中国工业企业经济普查的相关处理

中国国民经济普查的微观企业数据库是信息较全的数据库，到目前为止，中国分别在2004年、2008年、2013年和2019年进行了四次经济普查，但2018年的微观企业数据尚未公布。全国经济普查覆盖所有经济部门，由于本书主要考察的是制造业行业企业，因此剔除数据库中的"采矿业""建筑业""电力、燃气及水的生产和供应业"三个2位数行业门类。

普查中制造业企业的属性信息主要包括企业名称、行业代码、地址、企业就业人数等，但是缺乏必要的经济效益指标。由于2004年的长三角工业企业数据中仅仅提供了企业的详细地址，没有具体归类各个企业的行政区划归属，本书通过其地址信息进行自动匹配，从而将企业信息合并到对应的县域、市域行政区划中。同时，对那些只提供了地市＋街道＋门牌号的企业，通过百度搜索其地理位置信息来确定其县域行政区划归属。最后，对数据库中企业从业数据为零的企业进行剔除。

需要指出的是，工业企业和经济普查数据中均存在一些企业地址信息缺失的数据（约近万条企业的地址信息缺失），需要通过企业名称查询相关网站来确定其行政区划归属，这个工作量较大，耗费了较多的时间。

3. 行业代码的统一与本书的选择

2000～2013年中国的国民经济行业分类分别有三个标准，即1994年GB/T 4754－1994、GB/T 4754－2002、GB/T 4754－2011。制造业属于"C"类。因此，本书以国民经济行业分类（GB/T 4754－2011）为统一标准对2000～2012年的企业4位数行业归属进行了重新匹配，这样我们得到了按照国民经济行业分类（GB/T 4754－2011）新的2000～2013年工业企业数据库企业4位数行业分类数据。

其中，由于汽车修理业（4位数代码为3726）已经调整到服务业当中，故将其剔除出去。另外，由于废弃资源综合利用业（SIC 42）在考察期前期的年份数据中缺失，为了对比分析故将其剔除。同时，由于金属制品、机械和设备修理业（SIC 43）的变化差异较大，故将其剔除。最终，获得本书用到的工业企业数据和工业企业普查数据，本书一共选择了29个2位数编码制造业门类行业。

其中，在工业企业数据库中，通过合并处理本书获取了长三角地区两省一市29个制造业门类[1]共计116.47万条企业信息，基本信息如表3－1所示。从样本的整体变化情况来看，2000～2008年的企业数量呈现出逐渐递增的趋势，而2008年以后则呈现出先波动下降后上升的趋势。

表3－1　　　　　2000～2013年长三角地区制造业企业数量变化

年份	企业数量（个）	就业规模（万）
2000	39 582	977.63
2001	46 143	1 018.73
2002	51 309	1 090.40

---

① 29个制造业门类为：13农副食品加工业，14食品制造业，15酒、饮料和精制茶制造业，16烟草制品业，17纺织业，18纺织服装、服饰业，19皮革、皮毛、羽毛及其制品业和制鞋业，20木材加工和木、竹、藤、棕、草制品业，21家具制造业，22造纸和纸制品业，23印刷和记录媒介复制业，24文教、工美、体育和娱乐用品制造业，25石油加工、炼焦和核燃料加工业，26化学原料和化学制品制造业，27医药制造业，28化学纤维制造业，29橡胶和塑料制品业，30非金属矿物制品业，31黑色金属冶炼和压延制品业，32有色金属冶炼和压延制品业，33金属制品业，34通用设备制造业，35专业设备制造业，36汽车制造业，37铁路、船舶、航空航天和其他运输设备制造业，38电器机械和器材制造业，39计算机、通信和其他电子设备制造业，40仪器仪表制造业，41其他制造业。

年份	企业数量（个）	就业规模（万）
2003	58 839	1 214.16
2004	95 317	1 538.21
2005	85 208	1 564.70
2006	94 269	1 710.59
2007	106 236	1 876.49
2008	136 042	2 096.31
2009	103 459	1 650.81
2010	103 481	1 813.42
2011	75 961	2 427.74
2012	82 418	2 508.22
2013	86 439	3 507.88

资料来源：中国工业企业数据库。

需要说明的是，在使用中国工业企业普查数据时，由于 2004 年数据库中的行业代码有部分数据仅仅提供了 2 位数代码，而并未详细至 4 位数，为了统一数据在使用中国经济普查数据的时候主要研究地区的专业化水平，将只提供 2 位数代码与提供 4 位数代码的企业一并统一到所属的 2 位数代码行业中。

为了展开对比研究，本书在测度地区制造业专业化时，首先，将汽车制造业和交通运输设备制造业归并为一类，将工艺品和其他制造业归并为一类。其次，将普查数据中企业数据归类为 28 个制造业门类。这套数据与工业企业数据有点差异，但仅与前述处理的两类行业存在略微差异，其余 2 位数行业门类均相同。最后，在长三角地区中，2004 年、2008 年和 2013 年的经济普查的企业数量分别包括 753 550 家、605 542 家和 721 918 家采用 4 位数字编码的制造企业。

4. 企业经纬度坐标的提取

在研究制造业企业集聚内容时，要用到企业的具体地址信息并将其展示到地图中。为此，本书通过软件 X-Geocoding 软件中的"坐标提取"模块，先提取了各个企业地址信息的百度经纬度坐标，再通过该软件中的"坐标转换"功能将提取到的百度坐标转换成 GCS_WGS_1984 坐标系，以便于与矢量地图匹配。

另外，根据长三角地区所属的具体投影分带，本书选择 WGS_1984_UTM_Zone_50N 将其地理坐标系转换为新的投影坐标系。需要指出的是，由于少量企业缺少详细的门牌号信息，不过数据库中提供了其所在的村或村委会信息，对于这些数据的坐标提取主要根据其所在的村进行了坐标获取。

5. 县域单元相关的经济属性的数据

在计量模型中主要以县域单元为对象，因此要用到一些相关的人口、经济指标等属性数据。这些县域单元的经济属性数据主要来源于 2000~2014 年的《上海统计年鉴》《江苏统计年鉴》《浙江统计年鉴》《杭州年鉴》《南京年鉴》《宁波年鉴》等长三角 25 个地级市相关的统计年鉴和年鉴。另外，还使用了相关县域单元的《××年××县/县级市/区社会统计公报》和《×年××县/县级市/区政府工作报告》，以补充相关统计年鉴中县域经济属性数据的不足。

此外，人口数据主要来源于 2000 年和 2010 年中国人口普查资料以及 2000 年以来的《中国分县市人口统计资料》，以获得城市人口数量、城市化率以及外来人口迁入数据。开发区的名单及属性数据主要来源于《2018 年中国开发区审核公告目录》，根据各个开发区成立的年份，进而确定某个年份某个县域省级以上开发区的数量。土地价格数据来源于相关年份的《中国国土资源年鉴》，由于缺乏县域尺度数据，该指标主要借用城市尺度的数据代替。对于世界城市的选择，本书借鉴了 GaWC 研究小组的 2000 年以来的《世界城市排名》，确定该县域所在城市是不是属于世界城市。

二、主要研究方法

1. E-G 指数

测度产业空间整体集聚的方法很多，由于某些行业（如烟草制品业）在一些研究单元中存在缺失现象（即没有该门类制造业），因此不适宜使用基尼系数和多样化熵指数计算方法，而现有空间基尼系数由于没有考虑该地企业规模差异的影响，故易造成产业比较上的误差（曹宗平和朱勤丰，2017）。埃里森和格莱泽（Ellison and Glaeser, 1997）提出的 E-G 指数既考虑了地区产业的特征，同时也考虑的企业自身的规模特征，因此可以很好地反映某个产业在空间的总体分布形态。因此，本书利用 E-G 指数来测度长三角地区 2000～2013 年不同类型 2 位数制造业的空间集聚程度。计算公式如下：

$$\gamma_j = \left[G_j - \left(1 - \sum_{i=1}^{n} x_i^2\right) H_j \right] / \left(1 - \sum_{i=1}^{n} x_i^2\right)(1 - H_j) \tag{3-1}$$

$$G_j = \sum_{i=1}^{n} (s_{ij} - x_i)^2 \tag{3-2}$$

$$H_i = \sum_{k=1}^{N} z_k^2 \tag{3-3}$$

式（3-1）中：γ_j 表示长三角地区第 j 个制造业门类的 E-G 指数。式（3-2）中 x_i 表示县域 i 的制造业总产值占整个地区制造业总产值的比重，s_{ij} 表示县域 i 中 j 产业总产值占整个地区 j 产业总产值的比重；G_j 表示长三角地区制造业 j 门类的空间基尼系数；其值的范围为 $[0, 1]$，该值趋于 1 则表示制造业 j 门类分布越集中，反之，则 j 门类趋于分散。式（3-3）中 z_k 表示长三角地区制造业门类 j 中第 k 个企业的产值占整个地区制造业 j 门类总产值的比重。

2. 地区专业化的测度

克鲁格曼专业化指数（Krugman specialization index，KSI）是一种广泛使用的衡量地区专业化的指标，用来反映不同地区之间产业结构的差异性，进而揭示某个地理单元的比较优势（Guo et al.，2020）。它最初的目的是比较两个地区或国家的产业专业化（Krugman，1993），但已扩展到比较一个地区的产业结构与一个以上地区的平均产业结构（Kim，1995；陈良文和杨开忠，2006）。其数学形式如下：

$$KSI_i^s = \sum_{j=1}^{M} \left| C_{ij}^s - C_j \right| \tag{3-4}$$

其中，

$$C_{ij}^s = \frac{X_{ij}}{X_i}; \ C_j = \frac{Y_j}{Y} \tag{3-5}$$

式（3-4）和式（3-5）中，i 为县域单元（$i = 1, \cdots, n$，本书中 $n = 207$）；j 是制造业门类（$j = 1, \cdots, m$，本书中 $m = 28$）。X_i 表示区域 i 的制造业

就业总数；X_{ij}代表i区域中具体的j部门的就业人数。C_{ij}^s是地区i中j部门分类的制造业就业份额占比。Y_j是参照组中j部门的就业人数；Y表示参照组的从业人员总数。C_j表示参照组中j部门的就业份额占比。这里参照组的内涵主要是指长三角地区中除i地区自身之外剩余地区j部门的就业人数以及相关的就业总数。一般而言，KSI的取值范围为 0 ~ 2。当$KSI_i^s = 0$时，表示区域i在产业结构上与参考群相似；当KSI_i^s趋近于 2 时，表明与参考群完全不同。

3. 制造业集聚指数

已有文献中研究制造业集聚指数主要利用人口、产值、企业数量等作为测度地区制造业集聚的指标，利用单一指标测度可能会导致之制造业集聚的虚高现象。本书借助谭清美和陆菲菲（2016）的综合多个变量分析的思想，构建了一个综合指标来测度制造业的地区集聚程度指标，具体的计算公式如下所示：

$$S_i = \frac{1}{4} \sum_{k=1}^{4} \frac{X_i^k}{Y^k} \times 100 \qquad (3-6)$$

$$S_{ij} = \frac{1}{4} \sum_{k=1}^{4} \frac{X_{ij}^k}{Y_j^k} \times 100 \qquad (3-7)$$

其中，S_i表示县域i的制造业集聚指数（Manufacturing agglomeration index，MAI）；X_i^k表示县域i中k行业的值，这里k分别表示县域的i的制造业总产值、从业人数、企业数量以及总资产；Y^k表示长三角整个地区k行业的值，这里k分别表示整个地区的i的制造业总产值、从业人数、企业数量以及总资产。该式的核心思想便是将产值规模、就业规模以及资产规模等都考虑在内，以便于更好的反映某个县域制造业的规模集聚程度。式（3-7）中的指标含义与式（3-6）相同，其中j主要表示制造业内部不同行业类型的集聚程度（具体分为劳动密集型、资本密集型以及技术密集型三类行业）。

4. 专业化集聚指数

专业化集聚指数（Spatial Cluster Index，SCI）是用来测度某个产业是否在地区内部形成了专业化集聚，即用来揭示某个空间单元内部是否存在某个产业集群，是测度地方专业化的企业如何集聚形成一个专业化集聚区的重要指标。相比以往的区位熵方法，该指标考虑了地方产业的就业规模、企业数量，同时将地区的人口规模以及行政区划面积考虑在内，可以更好地反映某个产业在空间上的具体分布状态（Sternberg and Litzenberger，2004）。该指标的计算方法如下：

$$CI_{ij} = ID_{ij} \times IS_{ij} \times \frac{1}{SB_{ij}} = \frac{\dfrac{e_{ij}}{\sum\limits_{i=1}^{n} e_{ij}}}{\dfrac{p_i}{\sum\limits_{i=1}^{n} p_i}} \times \frac{\dfrac{f_{ij}}{\sum\limits_{i=1}^{n} f_{ij}}}{\dfrac{a_i}{\sum\limits_{i=1}^{n} a_i}} \qquad (3-8)$$

式（3-8）中，i 表示县域单元，j 表示 2 位数制造业。ID_{ij} 表示县域 i 中 $j-2$ 位数制造业门类的相对产业密度，IS_{ij} 表示县域 i 中某个 2 位数行业的相对份额，SB_{ij} 表示县域 i 中 $j-2$ 位数制造业门类企业的相对规模。e_{ij} 表示县域 i 中 j 行业的就业人数，f_{ij} 表示县域 i 中 j 行业的企业数量，p_i 表示县域 i 的人口总数，a_i 表示县域 i 的行政区划面积。分母 $\sum\limits_{i=1}^{n} e_{ij}$、$\sum\limits_{i=1}^{n} f_{ij}$、$\sum\limits_{i=1}^{n} p_i$、$\sum\limits_{i=1}^{n} a_i$ 分别表示长三角地区的制造业就业总数、企业总数、人口总数及其区域面积总数。ID、IS 和 SB 范围的可能值从 0 到无穷，该值越大表示某个地区存在具体行业专业化集聚的可能性越大。如果一个分区（规划区域）与整个区域没有区别（长三角），三个分量的各自值为 1。

| 第四章 |

长三角地区制造业总体演变特征分析

本章将从产值规模和就业规模两个方面，来研究长三角地区制造业的总体变化特征与空间分异。随后，利用相关的数学统计和空间分析方法对制造业地区专业化和产业集聚的时空特征进行分析，发现其变化趋势和演变规律。总结而言，本章主要是针对制造业的发展作总体描述性分析与规律性总结，旨在掌握地区制造业发展的时空演变趋势，为后文的实证分析作铺垫。

第一节　长三角地区制造业总体变化

一、产值增长以江苏贡献为主，上海与浙江趋于收敛

通过计算长三角地区制造业总体产值规模以及两省一市的制造业产值规模来反映地区制造业规模的总体变化特征，结果如图4-1所示。

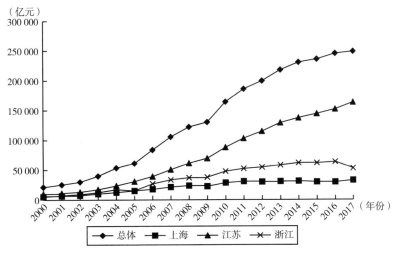

图4-1　2000~2017年长三角地区制造业总产值的变化情况

资料来源：长三角各省市统计年鉴。

— 53 —

图 4-1 揭示出，2000~2017 年长三角地区两省一市制造业大致呈现出一定的波动特征，总体呈现出不断增长的变化趋势。然而，从两省一市内部的变化情况来看，仍然呈现出一定的差异，尤其是 2006 年以后三个地区之间的差距越来越明显。江苏在长三角地区的制造业中占据核心地位，浙江和上海的制造业与之差距较大，并且江苏对长三角地区制造业的发展贡献最大，上海最小，而浙江居于二者之间。具体而言，江苏的制造业产值最高，并且年增长率要明显高于其他两个省市，与江苏和上海的差距在不断扩大，产值规模要显著高于浙江和上海。浙江的制造业呈现出波动变化的趋势，2000~2016 年呈现出波动增长的趋势，2016 年以后呈现出明显下降趋势，但是仍然高于上海的产值规模。上海的制造业呈现出明显波动增长趋势，但是增速较慢，2006 年以后与江苏和浙江之间的差距越来越大。近年来，浙江和上海之间的制造业产值规模差异呈现出收敛趋势，而江苏的制造业仍然呈现出不断增长的趋势。

二、就业规模以 2010 年为拐点，呈现不同变化趋势

从现有研究来看，关于劳动密集型产业、资本密集型产业以及技术密集型产业的分类并未形成成熟或公认的量化分类方法，已有研究的分类方法主要是基于研究者自身的研究基础与理解进行分类。因此，为了进一步辨析不同门类制造业的变化情况，借鉴陈曦、席强敏和李国平（2015）、吴康（2015）、李汉青等（2018）、孙晓华、郭旭和王昀（2018）以及王金杰等（2018）等学者们研究的划分标准[①]，将制造业划分为劳动密集型、资本密集

[①] 主要参考陈曦、席强敏和李国平（2015）《城镇化水平与制造业空间分布——基于中国省级面板数据的实证研究》和吴康（2015）《京津冀城市群职能分工演进与产业网络的互补性分析》等的研究成果，将制造业划分为劳动密集型、资本密集型和技术密集型产业三种类型。其中，劳动密集型包括 13 农副食品加工业，14 食品制造业，15 饮料和精制茶制造业，16 烟草加工业，17 纺织业，18 纺织服装、服饰业，19 皮革、毛皮、羽毛及其制品和制鞋业，20 木材加工和木、竹、藤、棕、草制品业，21 家具制造业，22 造纸及纸制品业，23 印刷和记录媒介复制业，24 文教、工美、体育和娱乐用品制造业，29 橡胶和塑料制品业，41 其他制造业等 14 个行业；资本密集型包括 25 石油加工炼焦及核燃料加工业，30 非金属矿物制品业，31 黑色金属冶炼及压延加工业，32 有色金属冶炼及压延加工业，33 金属制品业，34 通用设备制造业，35 专用设备制造业，40 仪器仪表及文化办公用机械制造业等 8 个行业；技术密集型包括 26 化学原料及化学制品制造业，27 医药制造业，28 化学纤维制造业，36 汽车制造业，37 交通运输设备制造业，38 电气机械及器材制造业，39 计算机、通信设备及其他电子设备制造业等 7 个行业。

型、技术密集型三类。利用 2000 ~ 2017 年长三角地区 29 个规模以上制造业的从业人口数据，计算不同门类制造业就业人口的变化情况。

1. 劳动密集型制造业就业规模以 2010 年为拐点，呈现先快速上升后迅速下降趋势

从图 4 - 2 来看，发现 2000 ~ 2017 年两省一市的劳动密集型制造业大致呈现出先上升后下降的变化趋势。具体看来，2000 ~ 2010 年浙江和江苏两省的劳动密集型制造业就业规模呈现出明显上升趋势，且在 2010 年浙江劳动密集型制造业在整个地区的就业人数最多，将近 400 万人。到 2010 年以后，浙江和江苏的劳动密集型制造业就业总数呈现出显著下降趋势，尤其是浙江下降非常明显，江苏省呈现出较为明显的下降趋势。上海的劳动密集型制造业就业人口变化趋势与其他两个省份存在一些差异，以 2005 年为界呈现出先上升后下降的变化趋势。2000 ~ 2005 年上海的劳动密集型制造业呈现出逐渐上升趋势，而 2005 年之后呈现出逐渐下降趋势。相比江苏和浙江，上海劳动密集型产业的从业规模很低。总体而言，长三角地区两省一市的劳动密集型制造业主要呈现出以江苏和浙江两省为主，上海的数量较少。

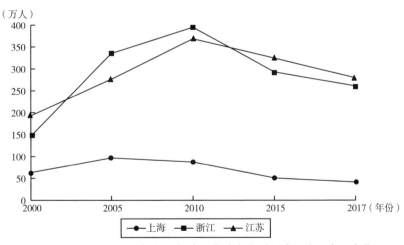

图 4 - 2　2000 ~ 2017 年长三角地区劳动密集型制造业就业人口变化

资料来源：长三角各省市统计年鉴。

2. 资本密集型制造业就业规模以 2010 年为拐点，呈现先快速增加后缓慢下降趋势

从图 4 - 3 可以发现，2000 ~ 2017 年长三角地区两省一市的资本密集型制造业就业人口的变化趋势基本与劳动密集型制造业的变化趋势一致，均呈现出先上升后下降的变化特征。然而，与劳动密集型制造业就业人口变化曲线相比较，长三角地区资本密集型制造业在 2010 年以后呈现出下降特征，但是其变化趋势较为和缓，尤其是上海资本密集型制造业呈现出较为稳定的变化趋势。从就业规模来看，长三角地区两省一市之间存在着较大的差异。整体看来，2000～2017 年江苏劳动密集型制造业的从业规模最高，浙江次之，上海最低。

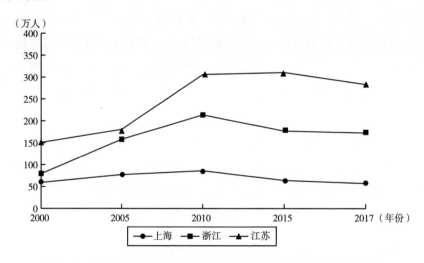

图 4 - 3　2000～2017 年长三角地区资本密集型制造业就业人口变化

资料来源：长三角各省市统计年鉴。

3. 技术密集型制造业就业规模以 2010 年为拐点，呈现先快速上升后平稳下降趋势

从图 4 - 4 来看，可以发现 2000～2017 年长三角地区两省一市的技术密集型制造业从业人数也呈现出先增加后下降的变化趋势，不过出现拐点的时间却存在着较大的差异。具体看来，江苏的技术密集型制造业就业规模一直处于第一位，并且与浙江、上海的差距较大，从业规模已经超过了 400 万人，而浙江的技术密集型制造业从业规模大致相当于江苏的一半，上海的就业人口则为江苏的 1/4。从其变化趋势看，上海和浙江的技术密集型制造业从业人口以 2010 年为界呈现出先上升后下降的趋势，而江苏则以 2015 年为界呈现出先上升后下降的趋势。同时，2010 年以后长三角地区技术密集型制造业的变化趋势较为平缓。

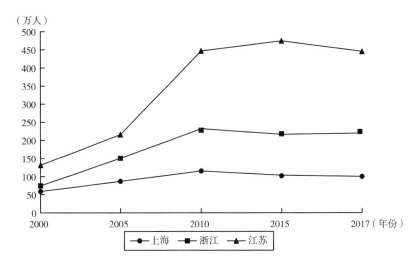

图 4 - 4　2000 ~ 2017 年长三角地区技术密集型制造业就业人口变化

资料来源：长三角各省市统计年鉴。

总体而言，可以发现长三角地区三类制造业的就业规模主要以 2010 年为拐点，呈现出先上升后下降的趋势。更进一步，江苏集聚了长三角地区绝大多数就业人口，浙江次之，而上海的制造业就业人口最少。

三、长三角地区不同门类制造业人口占比变化演变

1. 劳动密集型制造业从业比重虽呈现出快速下降趋势，仍占据重要地位

通过计算 2000 ~ 2017 年长三角地区两省一市劳动密集型制造业在各自省份的就业人数占比变化，结果如图 4 - 5 所示。从图 4 - 5 可以发现，主要以 2005 年为分水岭，2000 ~ 2005 年浙江、江苏和上海的劳动密集型制造业就业人数占比呈现出缓慢增加的变化趋势，而在 2005 年以后两省一市的劳动密集型制造业从业比重均呈现出一致的下降趋势。具体看来，2000 ~ 2005 年浙江的劳动密集型制造业就业人数由 48% 上升至 52.1%，表明这一时期浙江的劳动密集型制造业在制造业中占据着绝对的主导地位，而到 2017 年浙江劳动密集型制造业的比重已经下降至 39.9%，但是仍占据重要地位。2000 ~ 2005 年江苏的劳动密集型制造业在本省的比重仅上升了 1 个百分点，而 2005 年以后呈现出快速下降的趋势，2017 年劳动密集型制造业从业人数在本省的比重已

经降至 27.7%。2000~2005 年上海劳动密集型制造业在全市制造业中的比重由 34.9% 增至 37.2%，而 2005~2017 年劳动密集制造业的就业比重已经下降至 20.9%。

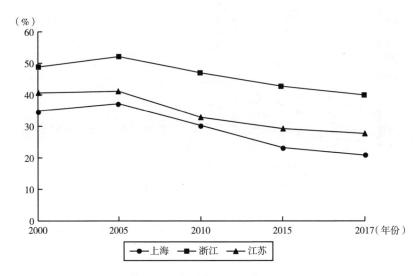

图 4-5 2000~2017 年两省一市劳动密集型制造业就业人口在本省市占比变化
资料来源：长三角各省市统计年鉴。

总体而言，长三角地区两省一市中浙江和江苏的劳动密集型制造业从业比重仍然在本省占据主导地位，而上海的劳动密集型制造业比重已经居于从属地位。

2. 资本密集型制造业从业比重呈现缓慢下降趋势并趋于稳定

通过计算 2000~2017 年长三角地区两省一市资本密集型制造业在各自省市的就业人口占比变化，结果如图 4-6 所示。从图 4-6 可以发现，长三角地区两省一市的资本密集型制造业从业比重的变化趋势与上述劳动密集型制造业变化曲线一致，也呈现出先下降后上升的变化趋势。具体看来，2000~2005 年江苏资本密集型制造业从业比重由 31.7% 下降至 26.8%，然后到 2017 年再上升至 28.1%，总体呈现出下降趋势，不过下降幅度较小。2000~2005 年浙江资本密集型制造业从业比重由 26.4% 下降至 25.3%，到 2017 年又缓慢升至 26.4%，2000~2017 年资本密集型制造业的比重基本变化较小。2000~2005 年上海的资本密集型制造业从业比重由 32.6% 下降至 29.6%，然后到 2017 年再上升至 28.8%，下降幅度也比较小。

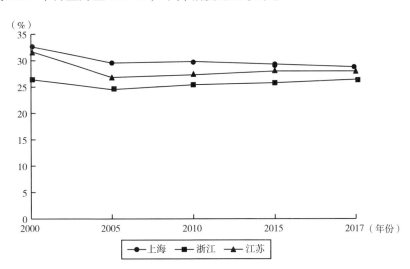

图 4-6　2000~2017 年两省一市技术密集型制造业就业人口在本省市占比变化

资料来源：长三角各省市统计年鉴。

总体看来，2000~2017 年长三角地区资本密集型制造业从业比重呈现出相对稳定的下降趋势，并逐步趋于收敛。上海在整个地区中资本密集型制造业比重占比最高，江苏次之，浙江最低。

3. 技术密集型制造业从业比重呈现快速上升趋势，占据主导地位

通过计算 2000~2017 年长三角地区两省一市技术密集型制造业在各自省市的就业人口占比变化，结果如图 4-7 所示。从图 4-7 可以发现，2000~2017 年长三角地区两省一市的技术密集型制造业从业人数在各自省市比重均呈现出逐渐上升的变化趋势。具体看来，上海的技术密集型制造业占比呈现出快速上升趋势，2000~2017 年技术密集型制造业占比已经由 32.5% 升至 50.4%，表明上海技术密集型制造业已经成为制造业门类中的主导行业，在制造业中占绝对的主导地位。浙江的技术密集型制造业占比呈现先下降后上升的变化趋势，2000~2017 年其比重由 24.8% 升至 33.6%。江苏的技术密集型制造业的比重也呈现出快速上升趋势，2000~2017 年其技术密集型制造业的比重已经由 27.6% 上升至 44.2%，也成为本省的第一大主导行业门类。

总体看来，上海和江苏两地的技术密集型制造业已经成为本地制造业的主导门类，而浙江的技术密集型制造业比重还相对较低。

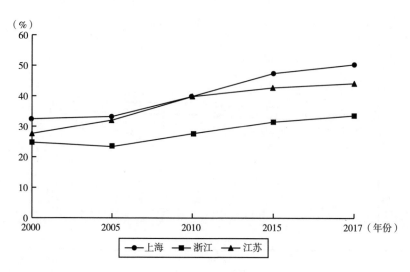

图 4 – 7　2000 ~ 2017 年两省一市技术密集型制造业就业人口在本省市占比变化

资料来源：长三角各省市统计年鉴。

总体而言，到 2017 年上海的制造业主要以技术密集型和资本密集型制造业为主，劳动密集型制造业主要处于从属地位。江苏则主要以技术密集型制造业为主，资本和劳动密集型制造业处于同一档次。浙江仍旧主要以劳动密集型制造业为主，技术密集型制造业次之，资本密集型制造业的比重最低。两省一市之间的制造业主导行业存在一定差异。

四、2 位数主导产业向技术密集型行业转变，并占据较高比重

通过计算 2000 ~ 2017 年长三角地区两省一市制造业门类中就业比重最高的 2 位数行业，并将 2000 年、2005 年、2010 年以及 2017 年结果展示（见表 4 – 1）。

表 4 – 1　　　　　2000 ~ 2017 年长三角地区第一大 2 位数代码

制造业类型及就业比重变化

单位：%

年份	地区	2 位数行业名称	比重
2000	上海	电气机械及器材制造业	8.8
	浙江	纺织业	17.3
	江苏	纺织业	17.6

年份	地区	2 位数行业名称	比重
2005	上海	医药制造业	11.3
	浙江	纺织业	16.2
	江苏	纺织业	16.3
2010	上海	计算机、通信设备及其他电子设备制造业	14.1
	浙江	纺织业	14.2
	江苏	纺织业	16.5
2017 年	上海	计算机、通信设备及其他电子设备制造业	17.8
	浙江	化学原料和化学制品制造业	12
	江苏	医药制造业	17.0

资料来源：各省市统计年鉴。

从表 4-1 可以发现，2000~2017 年长三角地区第一大主导 2 位数制造业行业发生了重要变化，逐渐由资本密集型或劳动密集型制造业向技术密集型制造业转变，并且技术密集型制造业的就业人数在本省市占有较高比重。上海在 2005 年之后 2 位数制造业主导门类已经向技术密集型制造业转变，目前主要是技术水平较高的信息技术制造业占据主导地位。而江苏和浙江则在 2017 年转向了医药和化学原料制品行业，同样属于技术密集型制造业。这就表明长三角地区的制造业中，技术密集型制造业已经成为其地区制造业的主导门类，而且呈现出了一定分工差异。

具体看来，2000 年长三角地区两省一市第一大主导 2 位数代码制造业为劳动密集型制造业（纺织业）和资本密集型制造业（电气机械及器材制造业）。其中，浙江和江苏的纺织业占到了整个地区制造业比重的 17% 以上，而上海的电器及器材制造业比重仅为 8.8%。2005 年上海的第一大 2 位数制造业转变为了医药制造业，其比重达到 11.3%，占据了较高的比重。浙江和江苏的第一大 2 位数制造业仍然为纺织业，不过比重略微下降，分别为 16.2% 和 16.3%。到 2010 年上海的第一大 2 位数制造业由医药制造业转变为计算机、通信设备及其他行业制造业，且其比重达到了 14.1%，吸纳了更多的就业人口，浙江和江苏的第一大 2 位数制造业仍然为纺织业，不过浙江的纺织业比重下降明显，而江苏的纺织业比重略微提升。到 2017 年，上海的第一大主导 2 位数制造业仍然为通信设备制造业，且其在制造业中的比重得到了明显上升，已经达到了 17.8%。浙江和江苏第一大 2 位数制造业门类也发生了重要变化，浙江由纺织业转变为化学原料和化学制品制造业，且其比重达到了 12%。江苏第一大 2 位数制造业门类同样发生重要变化，由纺织业转变为医药制造业，且医药制造业的比重较高达到了 17%。

第二节　长三角地区制造业专业化演变特征

一、上海与江苏、浙江之间专业化差异明显，浙江与江苏之间差异较小

通过计算 2000~2017 年长三角地区内部两省一市的克鲁格曼专业化指数来衡量其三者之间的制造业结构的差异程度（见表 4-2）。

表 4-2　　2000~2017 年长三角地区内部各省市之间的专业化指数对比与变化

年份	地区	专业化指数	
2000	上海	—	—
	浙江	0.572	—
	江苏	0.584	0.264
2005	上海	—	—
	浙江	0.394	—
	江苏	0.339	0.34
2010	上海	—	—
	浙江	0.439	—
	江苏	0.347	0.401
2015	上海	—	—
	浙江	0.551	—
	江苏	0.386	0.397
2017	上海	—	—
	浙江	0.550	—
	江苏	0.371	0.400

资料来源：各省市统计年鉴。

从表 4 - 2 中，可以发现上海与浙江、江苏存在明显的专业化分工差异，尤其是上海和浙江之间的制造业内部结构差异较大，而与江苏之间的制造业结构差异较小。从演变趋势来看，2000 年上海与浙江、江苏之间的专业化差异最大，表明 2000 年上海与浙江和江苏两省之间制造业存在着明显的分工差异，到 2005 年专业化分工差异出现显著下降特征，尤其与江苏的专业化差异相对较小，2005 年以后上海与浙江、江苏的制造业专业化差异又在逐渐提升，尤其是表现为与浙江之间存在着明显的专业化分工差异，与江苏也保持着一定的专业化差异。浙江和江苏之间也存在着专业化差异，并且这种专业化分工差异在逐渐增加，这就表明浙江和江苏之间也在错位发展。

总体而言，上海与江苏的制造业可能存在较大的相似性特征，而与浙江之间则分工较为明显，江苏和浙江之间也存在着分工差异。这与范剑勇（2004）发现的早期长三角内部之间的专业化分工差异的结论具有较强的吻合性。他认为浙江在分工过程中越来越趋向于发展劳动密集型制造业，与上海分工明确；由于江苏在人口规模和制造业规模均具优势，可以通过自给自足来满足自身需求的程度更高，这导致江苏与其他两省市的制造业结构差异最低（范剑勇，2004）。

二、长三角地区制造业专业化的空间特征

利用宁越敏（2016）、张欣炜和宁越敏（2015）对都市区的和城市群的界定标准，将长三角地区内部县域单元分为三类：核心城市化地区、次核心城市化地区以及外围城市化地区。表 4 - 3 为三种不同类型城市区域 2004 年、2008 年和 2013 年制造业 KSI 的平均值和标准差。

表 4 - 3　　　　　2004 年、2008 年和 2013 年长三角地区 KSI 变化

年份	核心城市化地区		次核心城市化地区		外围城市化地区	
	均值	标准差	均值	标准差	均值	标准差
2004（KSI）	0.57	0.16	0.67	0.22	0.84	0.23
2008（KSI）	0.66	0.21	0.76	0.24	0.88	0.22
2013（KSI）	0.64	0.23	0.70	0.24	0.80	0.23

资料来源：2004 年、2008 年和 2013 年企业微观经济普查数据。

表4-3揭示出KSI呈现出从核心城市化地区到次核心城市化地区再到外围城区的"低—中—高"格局，且随时间推移变化很小。在这三种类型的城市区域中，KSI均是在2004~2008年先上升，然后在2008~2013年下降，这可能是2007~2008年全球金融危机的影响。此外，2004~2013年，三种类型城市化地区之间制造业内部结构差异逐渐缩小。随着核心城市化地区劳动力和土地成本的上升，制造业呈现出明显的向外转移趋势，从核心城市化地区向次核心城市化地区和外围城市化地区转移（Wu et al.，2018）。其结果是三个城市化地区之间的制造业专业化水平差异正在缩小。同时，由于经济发展水平的差异和核心、次核心城市化地区的有利条件，这些地区成为主要的混合产业集聚区（徐维祥、张筱娟和刘程军等，2019）。而外围城市化地区制造业部门类型较少，且产业结构部门较为单一，导致外围城市化地区的专业化水平高于核心城市化地区。

三、核心—外围专业化类型特征

核心和外围地区的专业化类型虽存在分异，但是多数地区仍以专业化生产劳动密集型制造业为主。以2013年的经济普查企业数据为例，计算出长三角地区内部三个城市化地区就业人数占比处于第一和第二位的4位数行业门类。表4-4显示了第一大和第二大制造业的4位数代码、行业名称及其在总就业人口中的占比。

表4-4 　　　　　2013年三类城市化地区4位数行业就业比重最高的
前两大行业类型与具体占比

地区类型划分	第一大4位数行业代码	行业具体名称	就业比重（%）	第二大4位数行业代码	行业具体名称	就业比重（%）
核心城市化地区	SIC-1810	机织服装制造业	6.07	SIC-3660	汽车零部件及其配件制造	3.31
次核心城市化地区	SIC-1810	机织服装制造业	6.41	SIC-3660	汽车零部件及其配件制造	4.00
外围城市化地区	SIC-1952	皮鞋制造业	7.25	SIC-1810	机织服装制造业	5.58

资料来源：2013年企业微观普查数据。

　　表4-4揭示的核心和次核心城市化地区的制造业主导门类中，劳动密集型和技术密集型制造业均占据重要地位，而外围城市化地区则主要以劳动密集型制造业为主导行业。更进一步，发现外围城市化地区的第一大和第二大行业的比重之和为13%，明显高于核心和次核心地区的9.38%和10.41%。具体地说，三种类型城市化地区中最大的部门都以从事劳动密集型制造业为主。由此可以看出，仅考虑4位数行业标准，劳动密集型制造业在长三角地区仍占有重要地位。核心城市化地区主要从事机织服装生产行业，与次核心城市化地区相同，但所占比重为6.07%，略低于次核心城市化地区。外围城市化地区主要从事皮鞋生产，所占比重为7.25%，是其他两个地区中占比最高的。然而，当关注第二大制造业门类时，核心和次核心城市化地区的技术密集型制造业的比例为3.31%和4%，同样占据重要地位。机织服装制造业是外围城市化地区的第二大制造业，仍属于劳动密集型制造业。

　　更进一步，通过计算2013年长三角地区207个县域单元就业人数占比最高的第一大和第二大4位数行业，并将第一大和第二大4位数行业在本县制造业中就业比重最高的十个县域单元筛选出来，以发现具体产业的占比状况，结果如表4-5所示。

表4-5　　2013年第一大和第二大4位数制造业就业人口占比最高的前十大县域

县域名称	NO.1			NO.2		
	行业代码	代码名称	比重(%)	行业代码	代码名称	比重(%)
云和县	2450	玩具制造	61.2	3443	阀门和旋塞制造	15.5
鹿城区	1952	皮鞋制造	58.8	1810	机织服装制造	4.0
舟山市普陀区	1361	水产品冷冻加工	49.5	3731	金属船舶制造	14.4
庆元县	2041	竹制品制造	46.9	2412	笔的制造	11.8
岱山县	3731	金属船舶制造	44.9	3660	汽车零部件及配件制造	13.3
仙居县	4100	日用杂品制造	43.2	2710	化学药品原料药制造	9.2
上城区	1620	卷烟制造	39.7	3851	家用制冷电器制造	8.7
嵊泗县	1361	水产品冷冻加工	38.4	3584	医疗、外科及兽医用器械制造	17.4
青田县	1952	皮鞋制造	35.8	3443	阀门和旋塞制造	9.2
平湖市	1810	机织服装制造	34.2	1922	皮箱、包（袋）制造	13.4

　　注：NO.1，表示在本县、市或区中就业比重最大的4位数行业；NO.2，表示占比处于第二位的4位数行业。

　　资料来源：2013年长三角企业经济普查数据。

由表4-5可以发现，这十个县域的前两大4位数行业的就业人数至少占当地制造业就业人口的45%。就具体产业类别而言，这些县主要从事劳动密集型制造业，且专业化特别强。例如，云和县以玩具制造业为主（该行业从业人数占比为61.2%），鉴于此云和县政府办专门印发了《云和县木制玩具制造改造提升省级试点方案（2018-2022）》，提出要打造成为全球木制玩具创制中心、最具影响力的木玩原产地、品牌集聚地等，力争到2022年，木玩制品的产值要达到120亿元，同时其市场占有率要达到60%且产业集中度超过30%，强化本地玩具产业的专业化水平与市场竞争力。鹿城区以皮鞋制造业为主（该行业从业人数占比为58.8%），该地历来就是温州的鞋都，拥有专门的鞋都产业园区，强化皮鞋产业的专业化优势。舟山市普陀区以水产品加工为主（该行业从业人数占比为49.5%），该产业是本地区的传统支柱行业，占据的地区制造业的"半壁江山"。此外，十个县域中的第二大4位数行业的占比也相对较高，但制造业类型已转向以资本密集型制造业或技术密集型制造业为主。例如，云和县的第二大制造业是阀门和旋塞制造业（该行为从业人数占比为15.5%），舟山市普陀区的金属造船制造业（该行为从业人数占比为14.4%），岱山县的汽车零部件制造业（该行为从业人数占比为13.3%）和嵊泗县的医疗、外科和兽医设备制造业（该行为从业人数占比为17.4%）。表明这些专业化较强的县域，主要以1~2个主导行业为主，存在产业结构较为单一的问题。

第三节　长三角地区制造业集聚特征

一、制造业地理集中分布趋势较弱，多数呈零散分布特征

利用E-G指数计算方法，计算2000~2013年长三角地区29个主要制造业的E-G指数。参考已有研究成果（姚敏，2008；蔡培，2017），将集聚指数按照其值的大小分为三类：分散分布（$\gamma_j < 0.02$），均匀分布（$0.02 < \gamma_j < 0.05$），集中分布（$\gamma_j > 0.05$）。

1. 劳动密集型制造业中多数行业呈分散或均匀分布特征，烟草制品业地理集中趋势显著

图4-8和图4-9展示了2000~2013年长三角地区劳动密集型制造业

E-G 指数相对较低行业的变化情况。按照前述分级标准，可以发现劳动密集型制造业中橡胶制造业、印刷和记录媒介复制业的空间集中水平最低，而食品制造业、农副食品加工业、纺织业、纺织服装和服饰业制造业和纸制品业的值也比较低，表明这些产业在长三角地区呈分散分布的特征。皮革、皮毛、羽毛及其制品业和制鞋业和家具制造业则呈现出均匀分布的特征。烟酒、饮料和制茶业、烟草制品业、木材加工和木、竹、藤、棕、草制品业以及其他制造业具有明显的空间集中分布特征，尤其是烟草制品业表现出明显的集中分布特征。从时间变化来看，劳动密集型制造业的 E-G 指数呈现出波动变化趋势。其中具有较高集聚程度的烟草制品业的 E-G 指数在 2011～2013 年波动较为剧烈，但整体呈现出集聚程度逐渐增加趋势，这表明作为政府市场管制较为严格的行业，越来越集聚在少数地区。此外，木材加工业和其他制造业呈现出明显集聚增加态势，集聚程度在不断提升。烟酒及制茶业虽然具有集聚特征，但是其在 2000～2009 年呈现出集聚程度不断下降趋势，而在 2009年以后其集聚程度又逐渐提升。

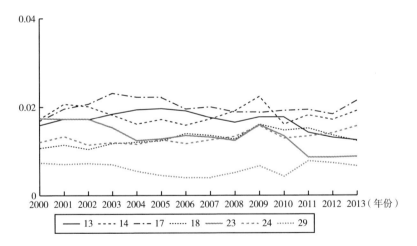

图 4 - 8　2000～2013 年长三角地区劳动密集型制造业 E-G 指数演变

注：13 - 农副食品加工业，14 - 食品制造业，17 - 纺织业，18 - 纺织服装、服饰业，23 - 印刷和记录媒介复制业，24 - 文教、工美、体育和娱乐品制造业，29 - 橡胶和塑料制品业。

资料来源：2000～2013 年长三角工业企业数据。

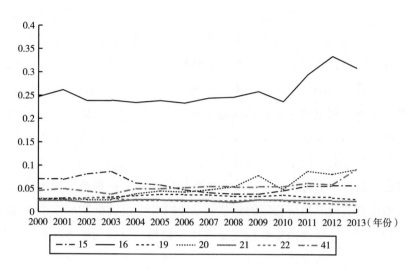

图 4 – 9 2000 ~ 2013 年长三角地区劳动密集型制造业 E-G 指数演变

注：15 – 酒、饮料和精制茶制造业，16 – 烟草制品业，19 – 皮革、皮毛、羽毛及其制品业和制鞋业，20 – 木材加工和木、竹、藤、棕、草制品业，21 – 家具制造业，22 – 造纸和纸制品业，41 – 其他制造业。

资料来源：2000 ~ 2013 年长三角工业企业数据。

总体看来，长三角地区多数劳动密集型制造业行业在空间上呈现出分散或均匀分布的态势，而以烟草制品业为代表的四类行业则在空间上具有较为显著的集聚特征。

2. 资本密集型制造业也主要以均匀或分散分布为主，仅石油行业集中趋势显著

图 4 – 10 可以看出，2000 ~ 2013 年非金属矿物制品业、金属制品业、通用设备制造业、专业设备制造业四个行业在长三角地区呈分散分布特征。有色金属冶炼业变化曲线波动较为剧烈，但是总体上仍然呈现出分散分布的特征。仪器仪表业虽然也呈现出波动变化趋势，但是逐渐由均匀分布转变为分散分布。2000 ~ 2014 年黑色金属冶炼业在长三角地区具有较为显著的集中分布特征，随之逐渐由集中分布转变为均匀分布。最后，石油加工、炼焦和核燃料加工业具有明显的空间集聚特征，虽然该曲线具有相对波动趋势，但是该行业的 E-G 指数值呈现出波动下降趋势。

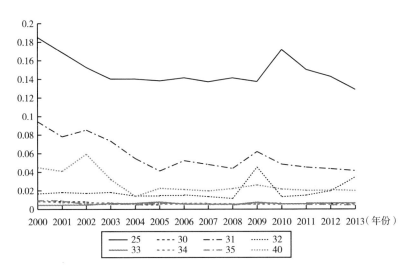

图 4 – 10　2000 ~ 2013 年长三角地区资本密集型制造业 E-G 指数演变

注：25 – 石油加工、炼焦和核燃料加工业，30 – 非金属矿物制品业，31 – 黑色金属冶炼和压延制品业，32 – 有色金属冶炼和压延制品业，33 – 金属制品业，34 – 通用设备制造业，35 – 专用设备制造业，40 – 仪器仪表制造业。

资料来源：2000 ~ 2013 年长三角工业企业数据。

3. 技术密集型制造业中化纤和汽车行业地理集中趋势明显，其余行业主要呈分散或均匀分布特征

从图 4 – 11 可以发现，化学原料和化学制品制造业和电器机械和器材制造业的 E-G 指数显著低于 0.2，表明这两类行业在长三角地区主要呈分散分布的特征，而医药制造业和铁路、船舶、航空航天和其他运输设备制造业的 E-G 指数也相对较低，也呈分散分布的特征。总体来看，这四个 2 位数制造业在长三角地区表现出分散分布的特征，且随时间变化波动相对较小，特征较为稳定。计算机、通信和其他电子设备制造业波动较大，主要在介于集聚和均匀分布两个集聚类型特征中徘徊，曾在 2001 年和 2009 年表现出较为明显的集聚特征，其余时间段则主要表现出均匀分布特征，这也表明虽然整个长三角地区在中国的信息技术制造业中具有集聚优势（康江江、张凡和宁越敏，2019），但是在地区内部主要呈现出均匀分布的特征。化学纤维制造业和汽车制造业在长三角地区具有明显的集聚分布特征，尤其是这两个行业在2000 年的时候 E-G 指数非常大，然而化学纤维制造业的集聚态势主要呈现出

波动中下降趋势，而汽车制造业则呈现出非常巨大的波动性，大致以 2008 年为界，呈现出先波动下降后波动上升的趋势，尤其是 2010 年以后又开始呈现出较为显著的集聚特征。整体来看，长三角地区汽车制造业和化学纤维制造业在空间上呈现出较为显著的集聚特征，而其余 5 类 2 位数制造业则主要趋于分散分布或均匀分布特征。

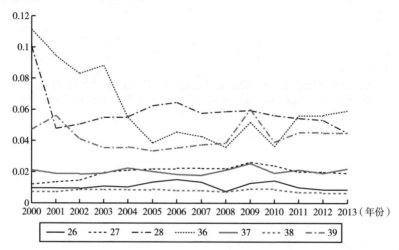

图 4 - 11　2000 ~ 2013 年长三角地区技术密集型制造业 E-G 指数演变

注：26 - 化学原料和化学制品制造业，27 - 医药制造业，28 - 化学纤维制造业，36 - 汽车制造业，37 - 铁路、船舶、航空航天和其他运输设备制造业，38 - 电器机械和器材制造业，39 - 计算机、通信和其他电子设备制造业。

资料来源：2000 ~ 2013 年长三角工业企业数据。

总体而言，酒、饮料和精制茶制造业、烟草制品业、石油加工、炼焦和核燃料加工业、化学纤维制造业、汽车制造业等 5 类 2 位数制造业在长三角地区具有较为显著的空间集聚趋势，其中烟草制品业和石油加工、炼焦和核燃料加工业由于属于市场管理较为严格的行业，具有非常强的集聚特征，而酒、饮料和精制茶制造业、化学纤维制造业和汽车制造业具有明显的原料、市场和技术指向型行业，集聚趋势也较为显著。另外，归类属性较为模糊的"其他制造业"也具有较高的集聚特征，该类行业具有较强的市场和原料指向特征，因此集聚特征明显。剩余的 2 位数制造业则主要呈现出分散或均匀分布特征。

二、制造业就业呈现出"Z"型集聚为主，且以邻近扩散为主

为了揭示长三角地区制造业企业的分布变化特征，以 2000 年和 2013 年企业地址信息数据为基础，根据各个企业的地址归属统计各个县域单元的制造业企业数量，然后计算各个县域制造业企业在全区的数量占比，进而分析长三角地区制造业企业分布状况，结果如表 4 - 6 所示。

表 4 - 6　　　　　2000 ~ 2013 年长三角地区制造业企业分布情况

2000 年		2013 年	
县域名称	数量占比	县域名称	数量占比
上海浦东新区	4.71	杭州萧山区	2.09
上海闵行区	2.53	苏州昆山市	2.08
上海嘉定区	2.42	上海浦东新区	1.93
常州武进区	2.25	宁波鄞州区	1.87
无锡江阴市	1.79	苏州吴江区	1.73
杭州萧山区	1.63	常州武进区	1.70
无锡锡山区	1.61	无锡江阴市	1.62
上海松江区	1.47	上海松江区	1.44
宁波鄞州区	1.39	苏州常熟市	1.43
南京江宁区	1.29	上海嘉定区	1.38
苏州昆山市	1.28	绍兴柯桥区	1.35
⋮		⋮	
丽水遂昌县	0.06	上海黄浦区	0.02
徐州云龙区	0.06	杭州上城区	0.02
丽水庆元县	0.06	温州泰顺县	0.02
丽水云和县	0.05	南京玄武区	0.02
丽水云和县	0.04	南京建邺区	0.02
丽水松阳县	0.04	徐州泉山区	0.01
温州文成县	0.04	舟山嵊泗县	0.01
丽水景宁畲族自治县	0.03	无锡崇安区	0.01
舟山嵊泗县	0.03	上海静安区	0.01
温州泰顺县	0.01	徐州云龙区	0.00

资料来源：2020 年和 2013 年长三角工业企业数据。

可以发现，长三角地区制造业企业集中分布于苏南、上海以及浙江沿海一带，这里集聚了长三角地区绝大多数的制造业企业，并以南京—苏锡常—上海—杭州甬等城市为核心形成了"Z"字型集聚走廊。其中，2000年上海的浦东新区、闵行区、嘉定区和松江区的制造业企业数量在全区占比较高，其制造业企业数量在全区的占比分别为4.71%、2.53%、2.42%和1.47%；同时，常州武进区、无锡江阴市、杭州萧山区、宁波鄞州区、南京江宁区以及苏州昆山市等位于"Z"字型走廊地区的县域单元的制造业企业分布数量也比较多，在全区占比也较高。而苏北和浙西南地区的制造业企业分布数量明显较少，如丽水景宁畲族自治县、徐州云龙区、温州文成县等县域的制造业企业数量在全区占比较低，与核心地区差异明显。到2013年，制造业企业仍主要集聚在"Z"字型走廊，但分布数量排名靠前的县域单元的企业占比集中度降低，如杭州萧山区、苏州昆山市的制造业企业数量占比仅为2.09%和2.08%，与2000年上海浦东新区的数量占比达到4.71%差异明显。同时，制造业企业在全区呈现一定的扩散趋势，一方面向核心城市化地区周围扩散，如绍兴柯桥区的制造业企业数量占比在全区排名靠前；另一方面，核心城市的中心市区制造业企业进一步向外扩散，制造业企业在这些区域的分布数量进一步减少，同时苏北地区与浙西南地区制造业企业数量在不断增加，并且以市辖区为主形成了小的集中分布区。

三、制造业从业规模在全区的占比变化趋势

为了进一步辨析出长三角地区制造业空间集聚的变化特征，以各个县域的制造业人口数据，计算了2000~2013年各个县域的制造业就业人口在整个长三角地区的比重变化，并按照统一标准划分为5个等级，结果如表4-7所示。

表4-7　2000~2013长三角各县、市、区制造业从业人数在全区的占比　　单位：%

2000 年		2013 年	
县域名称	从业人数占比	县域名称	从业人数占比
上海浦东新区	4.21	苏州昆山市	3.22
上海闵行区	2.21	上海浦东新区	2.50

2000 年		2013 年	
县域名称	从业人数占比	县域名称	从业人数占比
无锡江阴市	1.93	杭州萧山区	2.18
常州武进区	1.73	无锡江阴市	2.06
上海嘉定区	1.70	苏州吴江区	1.96
苏州姑苏区	1.65	常州武进区	1.80
杭州萧山区	1.54	宁波鄞州区	1.74
上海宝山区	1.41	上海松江区	1.73
苏州张家港市	1.41	无锡滨湖区	1.67
苏州昆山市	1.39	苏州常熟市	1.65
⋮	⋮	⋮	⋮
丽水青田县	0.03	丽水景宁畲族自治县	0.02
丽水云和县	0.03	南京玄武区	0.02
金华磐安县	0.03	徐州泉山区	0.02
温州洞头县	0.02	温州文成县	0.02
丽水庆元县	0.02	温州洞头县	0.02
丽水松阳县	0.02	温州泰顺县	0.01
舟山嵊泗县	0.02	徐州云龙区	0.01
温州文成县	0.01	无锡崇安区	0.01
温州泰顺县	0.01	上海静安区	0.01
丽水景宁畲族自治县	0.01	舟山嵊泗县	0.00

资料来源：2000~2013 年长三角工业企业数据。

从表4-7可以发现，浦东的龙头地位逐渐被昆山代替，即昆山（制造业人口在整个地区占比超过3%）逐渐成长为长三角地区制造业人口分布最多的县域。浦东、萧山和江阴成为第二梯队，制造业人口在整个地区占比为2%~3%，苏州、无锡、常州、杭州—宁波、上海等市的部分市辖区成为第三梯队，制造业人口在整个地区占比为1%~2%。总体而言，制造业从业人口形成了以"Z"字型工业走廊为中心，外围县域为支撑的中心—外围格局。另外，可以发现制造业人口在整个地区占比少于0.5%的县域数量呈现出缩减趋势，而处于第四梯队（制造业人口在整个地区占比为0.5%~1%）和第三梯队（制造业人口在整个地区的占比为1%~2%）的数量明显增加，而那些制造业人口在整个地区比重较高的县域数量呈现出一定的缩减趋势，这就表明长三角地区制造业呈现向周边地区扩散趋势。

第四节　本章小结

第一，长三角地区制造业产值的增长主要以江苏省贡献为主，上海和浙江两省市逐渐呈收敛趋势。从分产业类型的就业规模来看，两省一市的劳动密集型制造业、资本密集型制造业和技术密集型制造业均大致以 2010 年为界呈现出显著的变化差异，即 2010 年以前呈现出逐渐增加的趋势，而 2010 年以后则呈现出逐渐降低的趋势，且 2010 年以后变化较为稳定。更进一步，江苏集聚了长三角地区绝大多数就业人口，浙江次之，而上海的制造业人口最少。当前，上海的制造业主要以技术和资本密集型为主，劳动密集型制造业地位较低。江苏则主要以技术密集型制造业为主，资本和劳动密集型制造业大致处于同一个比重。浙江则以劳动密集型制造业为主，技术密集型制造业次之，资本密集型制造业的比重最低。更进一步，2000～2017 年上海占比最高的 2 位数行业由电气机械及器材制造业转变为通信设备、计算机、通信设备及其他电子设备制造业，且该行业在全市产业结构中就业比重占到了17.8%；浙江则由纺织业转为化学原料和化学制品制造业，且该行业的就业占比达到了 12%；最后，江苏由纺织业转变为医药制造业，且该行业就业占比达到 17%。

第二，从制造业的地区专业化特征来看，上海相比其余两个省份具有较高的专业化水平，上海、浙江和江苏之间制造业专业化差距在降低，但是浙江、上海与江苏之间还存在一定差距。从三者之间的分工差异来讲，上海与江苏的制造业可能存在较强同质化特征，而与浙江之间则分工较为明显，江苏和浙江之间也存在着分工差异。长三角地区制造业专业化在 2004～2008 年呈显著上升趋势，在 2008～2013 年呈下降趋势。该格局还显示出较强的地域差异性，制造业专业化水平从核心城市化地区向外围城市化地区呈现出逐渐增加的趋势。具体而言，长三角地区多数县域制造业的主导行业为劳动密集型产业，而资本密集或技术密集型制造业主要集中在各个地市的市辖区以及经济发展水平相对较高的县级市。核心城市化地区与外围城市化地区的制造业主导行业存在典型差异，即核心城市化地区主要以资本密集型或技术密集型制造业为主，而外围城市化地区则主要从事劳动密集型制造业。

　　第三，从行业分布状况而言，酒、饮料和精制茶制造业、烟草制品业、石油加工、炼焦和核燃料加工业、化学纤维制造业、汽车制造业等 5 类 2 位数制造业在长三角地区具有相对显著的空间集中趋势，剩余行业则不明显。从产业的空间分布来看，长三角地区的制造业企业集中分布于江苏南部、上海以及浙江沿海一带，这里集聚了长三角地区绝大多数的企业，已经逐渐形成了南京—上海—杭州—宁波的"Z"字型集中分布区域。从整个地区来看，制造业呈现一定的扩张趋势，尤其向北方向如扬州等市，向南方向如金华等市扩张明显，即镇江—扬州—泰州以及绍兴外围县域开始承接制造业人口的分布，而这些县域制造业崛起则非常依赖于"Z"字型区域制造业的整体变化趋势。浦东的核心地位仍旧显著，但是逐渐被昆山代替，即昆山逐渐成长为长三角地区制造业人口最主要的分布县域，同时，制造业呈现出向外围地区扩散的发展趋势。

| 第五章 |

地方化、城市化与全球化对长三角地区制造业专业化影响分析

根据本书第二章内容中的分析框架，地方化、城市化与全球化会塑造一个地区制造业专业化的形成与演变，为了验证第二章中提出的假说，本章主要探讨以下几个问题：（1）地方化效应对长三角地区制造业专业化的具体影响；（2）城市化效应对长三角地区制造业专业化的具体影响；（3）全球化效应对长三角地区制造业专业化的具体影响；（4）地方化效应、城市化效应和全球化效应对长三角地区劳动密集型、资本密集型以及技术密集型制造业地区专业化的影响。

第一节　模型的构建和指标的选取

一、空间面板数据模型

为了检验地方化效应、城市化效应和全球化效应对长三角地区县域单元制造业专业化的作用，本章主要利用空间滞后（SAR）和空间误差（SEM）两个模型进行系数估计。其中，空间滞后模型主要考虑的是样本自身的观测值对周围区域的溢出效应，空间误差模型主要用于邻近地区因变量的误差冲击对本地区观察值的影响程度（彭立和刘邵权，2012）。面板数据集涵盖了2004 年、2008 年和 2013 年 3 年的企业经济普查数据。因变量为这 3 年 207个县级单位的 KSI 对数形式。公式如下：

$$SAR: Y = \rho W_{NT} Y + x\beta + \varepsilon \qquad (5-1)$$

$$SEM: \begin{cases} Y = x\beta + \varepsilon \\ \varepsilon = \lambda W_{NT} \varepsilon + \gamma \end{cases} \qquad (5-2)$$

式（5－1）、式（5－2）中，Y 为地区专业化指数，即 KSI；X 为 K 维自变量行向量，分别是地方化要素变量、城市化要素变量以及全球化要素的变量；W 是元素为 0 和 1 的空间权重矩阵，这里选择 Rook 权重，W_{NT} 为 NT 阶方阵。T 和 N 分别为面板数据的时间序列与个体总量，β 为自变量对 Y 的影响系数所构成的向量，ε 和 γ 则为随机误差向量。ρ 为空间滞后系数，代表了邻近单元 Y 对本单元 Y 的影响方向与程度。λ 指空间误差系数，反映了相邻区域关于 Y 的扰动误差对本区域 Y 的冲击程度。两个系数的不同意义体现了经济变量空间相关模式的差异（张廷海等，2018）。

二、指标的选取与描述性统计

1. 地方化要素的变量选择

地方化要素主要考察本地市场规模、生产成本以及政府的介入作用对长三角地区 KSI 的影响。因此，参考已有相关文献，本章选择以下四个变量作为反映地方化因素的核心变量。首先，选择社会消费品零售总额作为反映一个县域单元市场规模大小（Market Size）的指标（Ricardo，1817；Gordon and McCann，2000）。由于市场决定专业化的分工，假设该指标的回归结果为正。其次，选择在岗职工平均工资来作为反映县域劳动力成本（Wage）的指标，以反映本地需求（Traistaru et al.，2002）。由于制造业主要偏向于向平均工资水平较低的地区分布，降低其用工成本，会促进其规模经济的提升。再次，选择土地的价格来反映土地要素指标（Malmberg and Maskell，1997），由于没有直接的指标，本章利用地级市尺度的招标、拍卖以及挂牌出让的单位土地成交价格（Land price）作为代理变量。由于长三角地区土地紧张，只有专业化的产业才能支付较高的地租。政府作用的指标难以用直接的指标进行衡量，中国的开发区是反映政府作用的重要指标。政府通过设立开发区的方式，吸纳国内外企业入驻，因此地方政府设立了从县到国家等级的开发区。最后，主要选择省级以上开发区的数量（Industrial Development Zones，IDZ）作为政府介入作用的替代指标（Storper，2010）。这是因为省级以上开发区更能反映开发区的等级。由于开发区的设立可以促进相关产业集聚，可能促进了产业的专业化发展，但是由于招商引资的压力，吸引的企业往往不一定与地区产业具有较强的关联性，可能促进县域制造业多样化发展。

2. 城市化要素的变量选择

城市化要素主要考察城市规模、城镇化发展阶段以及外来人口迁入对长三角地区制造业专业化的影响。因此，参考已有文献的相关成果，作者选取以下三个变量作为反映城市化影响的变量。首先，选择县域人口规模作为反映城市总体规模的指标，反映城市化经济对制造业的影响（Henderson，1974；Abdel-Rahman，1996）。由于县域尺度常住人口规模数据难以获取，因此选择户籍人口（Urban Size）作为代替，这种代替不会造成严重的问题，因为长三角地区的户籍人口规模与总人口规模之间存在较强的正相关关系（闫东升、陈雯和李平星，2015；李小帆、付书科和卢丽文，2017）。其次，城镇化率是反映一个地区城市化发展阶段的重要标志，由于县域尺度的常住人口城镇化率的数据没法获取，因此同样选择户籍城镇化率（Urbanization rate）作为代替。最后，外来人口进入是反映一个城市的发展速度以及发展水平的重要指标，由于难以获取每年的县域的外来人口迁入详细数据，本章利用 2000 年和 2010 年中国人口普查数据中外来人口的数量，计算了每年的外来人口迁入增长率，随后计算了当年外来人口数量作为测度外来人口流入数量（Migration）作为的代理变量。三个城市化的变量的提出均基于城市化经济理论，其认为城市化最终会促进地区制造业多样化。

3. 全球化要素的变量选择

全球化对长三角地区制造业专业化的影响主要从两个角度进行分析，其一为全球资本的流入，主要以外商直接投资和跨国公司的进入，这主要反映了地方受全球化的影响过程；其二为地区主动参与全球市场，与外界建立联系，强化出口专业化。因此，选择了四个主要变量来反映全球化要素对长三角大城市群地区制造业专业化的影响。首先，选择外商直接投资（FDI）来反映地区整体受全球化资本的作用，由于单一年份外商直接投资变动较大，选择连续 3 年外商直接投资作为替换指标。其次，选择规模以上外资企业占比（Share of foreign-funded enterprises，SFFE）来作为反映外资企业的进入对地区制造业专业化的影响指标。选取这两个指标主要来反映地方主动接受全球化影响的程度（Bos et al.，2019）。再次，一般而言，进出口贸易额是反映地区参与国际贸易的主要指标，但是由于县域尺度进口数据的缺失。因此，选择出口贸易额（Export trade）来反映地方参与全球化市场的程度，该指标仍旧可以很好地反映地方参与全球化的程度，按照已有理论认为出口贸易会强化专业化优势（Dauth and Suedekum, 2016; Gómez-Zaldívar, 2017）。最后，选择世界城市（Word city）作为反映地区与全球联系的指标，因为世界城市反映了一个城市在多大程度上与外界产生了联系（Liang and Xu, 2004）。

控制变量：主要选择 GDP 和固定资产投资（Investment）来反映县域经济规模的大小以及经济发展的阶段，这会影响到制造业在地区经济中发挥作用（Traistaru et al., 2002; Bos et al., 2019）。制造从业人口密度（Manufacturing employment density, MED）反映了劳动力作为生产要素的重要性，它可能会产生拥挤效应（Ezcurra et al., 2006）。变量的具体属性和描述如表 5 - 1 所示。

表 5 - 1　　　　　　　模型中变量的属性特征描述

被解释变量	变量名称	定义	最大值	最小值	均值
	LnKSI	专业化指数的对数值	1.615	0.295	0.7280
地方化	Market size	消费品零售总额（10亿元）	150.5	0.379	11.9
	Wage	在岗职工平均工资（元）	78 935	8 698	35 557.1
	Land price	招标、拍卖或挂牌出售的土地的平均价格（万元/公顷）	395 908	241.5	44 620.66
	IDZ	省级以上工业园区数量	13	0	1.02
城市化	Urbanization rate	非农人口总数/人口总数（%）	100	4.31	48.04
	Urban size	户籍总人口（万人）	281.12	7.86	65.25
	Migration	年均外来人口迁入数量（万人）利用人口普查数据来计算当年外来人口数量	315.65	0.35	17.6
全球化	FDI	连续三年内的外商直接投资总额（万美元）	1 516 000	3	57 788.8
	SFFE	外资企业数量/企业总数（%）	82.62	0	17.5
	Word city	属于世界城市为1，否则为0	—	—	—
	Export trade	出口总额（万美元）	9 582 500	19	219 480.2

续表

被解释变量	变量名称	定义	最大值	最小值	均值
控制变量	GDP	国内生产总值（亿元）	644.87	1.33	32.5
	Investment	固定资产投资（亿元）	1 679.22	4.03	157.39
	MED	制造业从业人口规模/县域面积 （人/平方千米）	13 077.03	1.88	413.67

注：这里的主要变量的属性主要是整个制造业的数据描述，三个分类型行业的数据没有展示。

第二节　计量模型结果

在使用空间计量模型前，首先利用 Geo-Da 软件计算 2004~2013 年长三角地区专业化指数（KSI）的 moran's I 值，结果如表 5-2 所示。

表 5-2　　　　2004~2013 年长三角地区 KSI 值的 moran's I 变化

年份	moran's I	P 值
2004	0.453	0.005
2008	0.459	0.005
2013	0.498	0.005

由表 5-2 可以发现，KSI 值的 moran's I 值较高且呈现出了逐渐增加趋势，表明地区内部的县域专业化具有较强的空间集聚特征且呈现出继续强化的趋势，因此可以使用空间计量模型进行估计。

在使用模型之前，本章先通过豪斯曼检验固定效应和随机效应哪个模型更适合，结果 Hausman 检验（P=0.000）发现固定效应非常显著，因此本章利用空间面板数据的固定效应模型进行系数估计。

一、地方化、城市化与全球化对制造业整体专业化的影响

首先将反映地方化、城市化与全球化的具体指标和控制变量放入模型，分别考察地方化、城市化和全球化对制造业专业化的个体影响效应，结果如表 5-3 中的模型（5-1）、模型（5-2）、模型（5-3）的结果。其次运行整个模型来同时检验所有变量的影响，结果见表 5-3 的最后两列，即模型（5-4）和模型（5-5）。总的来说，所有模型在统计上都是显著的，根

据我们的理论解释框架，显著系数符号与预期相符合，部分模型与完整模型的系数的符号基本一致。由表 5 - 3 可知，从拟合优度以及相关参数的判别结果来看，空间滞后模型的估计结果较好，因此模型（5 - 1）、模型（5 - 2）、模型（5 - 3）中的估计系数均采用空间滞后模型的系数结果。

表 5 - 3　　　　　　　　　　　　空间面板模型的估计结果

解释变量	模型（5 - 1）（SAR）	模型（5 - 2）（SAR）	模型（5 - 3）（SAR）	模型（5 - 4）（SAR）	模型（5 - 5）（SEM）
Market Size	0.0037 *** (0.0012)			0.0038 *** (0.0013)	0.0037 *** (0.0014)
Wage	- 0.000002 *** (0.000006)			- 0.000003 *** (0.0000006)	- 0.000003 *** (0.0000007)
Land price	0.000001 *** (0.0000002)			0.000002 *** (0.0000002)	0.000002 *** (0.0000002)
IDZ	- 0.0233 ** (0.0107)			- 0.0215 * (0.0019)	- 0.0260 ** (0.0117)
Urbanization rate		- 0.0012 * (0.0007)		- 0.0013 ** (0.0007)	- 0.0014 ** (0.0007)
Urban size		0.0017 (0.0019)		0.0025 (0.0019)	0.0022 (0.0019)
Migration		0.0004 (0.0006)		- 0.0008 (0.0007)	- 0.0004 (0.0007)
FDI			- 0.0000002 (0.0000002)	0.00000007 (0.0000002)	0.0000002 (0.0000002)
SFFE			- 0.0017 (0.0015)	- 0.0033 ** (0.0015)	- 0.0032 ** (0.0016)
Export trade			0.00000006 ** (0.00000003)	0.00000005 * (0.00000003)	0.00000004 (0.00000003)
Word city			0.0793 *** (0.0291)	0.0388 (0.0295)	0.0537 (0.0361)
GDP	- 0.00012 ** (0.0005)	0.0004 (0.0004)	0.0003 (0.0005)	- 0.0017 *** (0.0006)	- 0.0019 *** (0.0006)
Investment	- 0.0018 ** (0.0005)	- 0.0015 * (0.0008)	- 0.0017 ** (0.0008)	- 0.001 (0.0009)	- 0.001 (0.0009)

解释变量	模型 (5-1) (SAR)	模型 (5-2) (SAR)	模型 (5-3) (SAR)	模型 (5-4) (SAR)	模型 (5-5) (SEM)
MED	-0.000009 (0.000007)	-0.00002*** (0.000007)	-0.00003*** (0.000007)	-0.00001 (0.000008)	-0.00001 (0.000009)
rho	0.2906*** (0.0434)	0.3529*** (0.0422)	0.3397*** (0.0425)	0.2772*** (0.0435)	
lambda					0.2572*** (0.0489)
sigma2_e	0.0114*** (0.0007)	0.0122*** (0.0007)	0.1211*** (0.0007)	0.0111*** (0.0006)	0.0113*** (0.0006)
N	621	621	621	621	621
R^2	0.1841	0.0744	0.0989	0.2139	0.1939
Log-likelihood	500.8838	475.05	478.85	510.05	504.19
AIC	-983.77	-934.10	-939.69	-988.10	-976.37
BIC	-943.79	-898.65	-899.81	-917.20	-905.47

注：括号内为标准误差；***、**、*分别表示在1%、5%和10%水平上显著。

模型 (5-1) 的结果表明，衡量地方化作用的市场规模、工资、土地出让价格和省级以上开发区的数量四个变量的回归系数是显著的，证实了地方化因素与制造业专业化之间显著相关。在整个模型中，模型 (5-4) 中四个变量的符号并未发生改变，结果验证了前面提出的地方化优势对制造业专业化的正向作用。具体而言，市场规模变量的影响为正，即市场规模每增加10亿元，制造业 KSI 值增加0.38%。这一发现与克鲁格曼 (Krugman, 1991) 提出的国内市场效应理论相一致，表明市场规模直接影响制造业专业化。工资变量的系数显著为负，即单位工资增加1元，制造业 KSI 下降0.0003%。这就说明工资越低，制造业专业化程度越高。这一发现表明，制造业专业化在一定程度上是由该地区廉价劳动力的可用性推动的 (Appelbaum and Christerson, 1997)。土地出让价格变量的系数为正，表明土地出让价格每增加100万元，KSI 增加0.0002%。由于土地价格对制造业具有挤出效应，只有专业化的制造业才有能力支付较高土地成本，才能在激烈的市场竞争中生存下来。例如，毕秀晶 (2011) 发现地价越高的区域越能吸引软件产业的集聚。最后，模型显示省级以上开发区的数量有显著负面影响，即省级开发区的数量每增加 1 个，KSI 下降 2.15%，说明地方政府的开发区举措可能导致制造业多元化。这意味着长三角地区中的地方政策举措主要是为了吸引企业投资，而不是在工业开发区选择特定类型的企业，与本地专业化产业相匹配。模型（5-5）同样证实了四个反映地方化要素的变量会对长三角地区制造业专业化产生显著影响，同时变量的系数非常显著并且与模型（5-4）的结果保持一致。

模型（5-2）表明，城市化因素对制造业专业化总体上具有负向影响。具体而言，城市化率变量表现出显著的负向作用，而另外的城市规模和外来迁入人口两个变量的估计结果则并未通过显著性水平检验。从整个模型的结果来看，验证了我们的假说 3，即城镇化推进将导致长三角地区制造业多样化。研究表明，长三角地区已经越过了制造业持续专业化的门槛，城市化水平的提高将为产业多样化发展创造条件，而并非促进专业化。从变量系数看，城镇化率每增加 1 个百分点，KSI 指数下降 0.13%。这一发现与文献中城市增长可能推动经济多样化的结论相一致（Isard，1949；Jacobs，1969；苏华，2012）。这一结果表明，应对 2008 年全球金融危机的城市规划和产业升级政策，可能会刺激长三角制造业向外转移，从而导致制造业多样化。这与已有的一些实证发现具有较高的相似性（Duranton and Puga，2000；Peker，2012）。模型（5-5）的估计结果与模型（5-4）具有较强的相似性，也发现城市化率对 KSI 具有较为显著的负向影响。

全球化可以从两个不同方向影响制造业专业化，这是由于全球资本主义进入中国和出口导向型经济发展之间的经济逻辑存在潜在差异。模型（5-3）通过测量全球化对制造业专业化的两种不同影响，分析了全球化对制造业专业化的影响，结果与提出的假说是一致的，表明全球化确实是一把双刃剑。具体看来，模型（5-4）的结果发现外商投资企业份额对地区制造业专业化有很大的负向影响，每增加 1 个百分点的外资企业份额结果会导致专业化指数下降 0.33%，表明外商直接投资在长三角地区的作用主要以水平一体化为主，跨国公司旨在利用在中国国内市场的机会。世界城市地位变量和出口贸易变量对制造业专业化均有正向影响。特别是世界城市这一变量，在模型（5-3）发现如果一个县级区域属于世界城市，其 KSI 值将增加

7.93%。但是，该变量却在模型（5-4）的结果中并不显著。外向型经济对制造业专业化具有显著的正向影响，制造业出口每增加1万美元，KSI的价值就会增加0.000005%。上述实证结果表明，长三角地区参与全球市场的一体化促进了制造业专业化，这意味着进入世界市场机会的增加有助于提高该地区的效率。虽然外商直接投资的流入和外商投资企业所占份额的不断增加可能在贸易自由化初期促进了制造业的专业化，但外商直接投资在长三角的长期目标是面向中国国内市场（Tuan and Ng，2007）。因此，外商直接投资的长期效果随着工业的日益成熟而内在化。它鼓励制造业多样化，其效果类似于长期国内投资。模型（5-5）的估计结果与模型（5-4）较为一致，主要发现外资企业份额对KSI的显著负向影响。

为了检验上述结果的稳健性，我们还对三个城市化地区分别进行了一个完整的模型检验（见表5-4）。总体而言，稳健性检验模型的结果与上述模型基本一致。虽然某些系数的显著性水平在三个城市化地区中有所变化，但系数的符号基本不变。具体来说，在核心城市化地区的模型中，反映地方化作用的市场规模、工资以及土地价格变量都是显著的，且符号没有发生变化。反映城市化要素的变量没有通过检验。在全球化的变量中，只有世界城市地位是显著的，其符号没有发生变化，其余变量未通过显著性检验。在次核心城市化地区模型中，土地价格和城镇化率两个变量显著，系数符号与全样本模型相同，其他变量不显著。在外围城市化地区模型中，职工工资、土地价格、FDI以及外资企业份额四个变量的系数显著，其符号与全样本模型一致。令人意外的是，城市规模变量表现出较为显著的正向作用，这可能表明城市规模的增加会促进外围城市化地区KSI的提升，可能是因为外围城市化地区需要通过提升人口规模来满足发展需要和市场需求。其余变量未通过显著性检验。三个模型结果表明，制造业专业化的主导驱动力在长三角地区的三个城市中各不相同。地方化因素对核心城市化地区制造业专业化的改变起着重要的作用，而对次核心和外围城市化地区的影响较小。城市化要素的作用在次核心城市化地区表现得较为突出，而在核心和外围城市化地区则表现较弱。全球化对制造业专业化存在正反两个方向的影响在长三角地区中表现得不同，而全球市场扩张效应与核心城市化地区显著相关。全球化的影响阻碍了在次核心和外围城市化地区制造业专业化，跨国公司在这些地区建立的主要目的是进入中国产品市场。模型结果仍旧证实了地方化、城市化以及全球化要素对长三角地区制造业专业化具有显著的作用。

表 5 - 4　　　　基于三个不同类型城市化地区的固定效应模型检验

解释变量	核心城市化地区	次核心城市化地区	外围城市化地区
Market Size	0. 0042 *	0. 0025	0. 0070
	(0. 0024)	(0. 0050)	(0. 0047)
Wage	− 0. 000006 ***	− 0. 0000007	− 0. 000004 ***
	(0. 000002)	(0. 000002)	0. 000001
Land price	0. 000002 ***	0. 000001 *	0. 000003 *
	0. 0000004	(0. 0000006)	(0. 000001)
IDZ	0. 0200	0. 0273	− 0. 0121
	(0. 0045)	(0. 0311)	(0. 0252)
Urbanization rate	− 0. 0004	− 0. 0048 **	− 0. 0021
	(0. 0013)	(0. 0023)	(0. 0016)
Urban size	0. 0026	− 0. 0035	0. 0071 *
	(0. 0045)	(0. 0077)	(0. 0036)
Migration	− 0. 00008	− 0. 0041	− 0. 0040
	(0. 0012)	(0. 0026)	(0. 0034)
FDI	0. 0000001	0. 0000004	− 0. 000003 **
	(0. 0000003)	(0. 0000006)	(0. 000001)
SFFE	0. 0010	− 0. 0017	− 0. 0090 **
	(0. 0030)	(0. 0048)	(0. 0036)
Export trade	0. 00000005	0. 0000003	− 0. 0000001
	(0. 00000005)	(0. 0000002)	(0. 0000001)
Word city	0. 1285 **	—	—
	(0. 0568)		
GDP	− 0. 0024 **	0. 0010	0. 0029
	(0. 0010)	(0. 0025)	(0. 0035)
Investment	− 0. 0012	− 0. 0042	− 0. 0048
	(0. 0016)	(0. 0031)	(0. 0039)
MED	− 0. 00003 **	0. 0002	0. 0001
	(0. 00001)	(0. 0002)	(0. 00006)

解释变量	核心城市化地区	次核心城市化地区	外围城市化地区
常数	− 0.5373 * (0.2979)	− 0.0697 0.5242	− 0.4659 * (0.2453)
N	198	201	222
R^2	0.3589	0.1487	0.2673
Rho	0.8160	0.7929	0.9119

注：括号内为标准误差；*** 、** 、* 分别表示在1%、5%和10%水平上显著。

二、地方化、城市化与全球化对制造业分行业专业化的影响

更进一步，本章利用2004年、2008年以及2013年的长三角地区207个县域的工业企业普查数据，利用克鲁格曼指数计算的方法分别计算了劳动密集型制造业的地区专业化指数、技术密集型制造业的地区专业化指数以及资本密集型制造业的地区专业化指数。然后，以这三个指数为因变量，自变量仍旧与本章第一次用到自变量相同，利用了空间面板数据固定效应模型进行估计，结果如表5-5所示。

表5-5　　　　基于三个不同类型制造业的空间面板模型估计结果

解释变量	SAR 模型			SEM 模型		
产业类型	劳动密集型 制造业	资本密集型 制造业	技术密集型 制造业	劳动密集型 制造业	资本密集型 制造业	技术密集型 制造业
Market Size	0.0032 *** (0.0011)	0.0014 (0.0028)	0.0017 (0.0030)	0.0035 *** (0.0012)	0.0010 (0.0028)	0.0018 (0.0030)
Wage	− 0.0000009 * (0.0000005)	− 0.000004 *** (0.000001)	− 0.000007 *** (0.000001)	− 0.0000008 (0.0000006)	− 0.000004 *** (0.000001)	− 0.000007 *** (0.000001)
Land price	0.0000008 *** (0.0000002)	0.000001 *** (0.0000004)	0.000003 *** (0.0000005)	0.0000009 *** (0.0000002)	0.000001 *** (0.0000005)	0.000003 *** (0.0000005)
IDZ	− 0.0215 ** (0.0097)	− 0.0588 ** (0.0236)	0.0256 (0.0253)	− 0.0230 ** (0.0010)	− 0.0615 ** (0.0239)	0.0259 (0.0258)
Urbanization rate	− 0.0007 (0.0006)	− 0.0013 (0.0014)	− 0.0026 * (0.0015)	− 0.0009 (0.0007)	− 0.0014 (0.0014)	− 0.0025 * (0.0015)
Urban size	0.0012 (0.0016)	− 0.0033 (0.0040)	0.0019 (0.0042)	0.0013 (0.0016)	− 0.0036 (0.0040)	0.0016 (0.0043)

续表

解释变量	SAR 模型			SEM 模型		
产业类型	劳动密集型制造业	资本密集型制造业	技术密集型制造业	劳动密集型制造业	资本密集型制造业	技术密集型制造业
Migration	−0.0003 (0.0006)	0.0015 (0.0015)	0.0004 (0.0016)	−0.0002 (0.0006)	0.0019 (0.0016)	0.0005 (0.0017)
FDI	0.00000001 (0.0000002)	−0.0000006 (0.0000004)	0.0000008 * (0.0000004)	0.00000007 (0.0000002)	−0.0000006 (0.0000004)	0.0000009 ** (0.0000004)
SFFE	−0.0014 (0.0013)	−0.0084 *** (0.0032)	−0.0038 (0.0034)	−0.0015 (0.0013)	−0.0081 ** (0.0032)	−0.0039 (0.0034)
Export trade	0.000000002 (0.00000002)	0.0000001 (0.0000001)	0.0000001 ** (0.0000001)	−0.00000001 (0.00000003)	0.0000001 (0.0000001)	0.0000001 ** (0.0000007)
Word city	0.0624 ** (0.0254)	0.0408 (0.0617)	0.1273 * (0.0665)	0.0793 ** (0.0296)	0.0490 (0.0670)	0.1427 ** (0.0695)
GDP	−0.0005 (0.0005)	−0.0024 ** (0.0012)	−0.0061 *** (0.0013)	−0.0006 (0.0005)	−0.0026 ** (0.0012)	−0.0062 *** (0.0013)
Investment	−0.0010 (0.0008)	−0.0009 (0.0019)	−0.0015 (0.0020)	−0.0009 (0.0008)	−0.0004 (0.0019)	−0.0019 (0.0020)
MED	−0.00003 *** (0.000007)	−0.00001 (0.00002)	−0.00001 (0.00002)	−0.00003 *** (0.000007)	−0.00001 (0.00002)	−0.00001 (0.00002)
rho	0.2153 *** (0.0469)	0.0771 (0.0485)	0.1152 ** (0.0486)			
lambda				0.1991 *** (0.0528)	0.1149 ** (0.0543)	0.0637 (0.0540)
sigma2_e	0.0082 *** (0.0005)	0.04902 *** (0.0028)	0.0562 *** (0.0032)	0.0083 *** (0.0005)	0.0488 *** (0.0028)	0.0568 *** (0.0032)
N	621	621	621	621	621	621
R^2	0.2308	0.1616	0.1851	0.2196	0.1623	0.1782
Log-likelihood	604.96	54.77	11.27	601.82	55.70	9.21
AIC	−1 177.92	−77.55	9.46	−1 171.65	−79.41	13.59
BIC	−1 107.02	−6.64	80.36	−1 100.75	−8.51	84.49

注：括号内为标准误差；*** 、** 、* 分别表示在1%、5%和10%水平上显著。

通过表5－5可以发现，从模型的最大似然值、AIC以及BIC的结果来看，空间滞后模型对劳动密集型制造业以及技术密集型制造业的专业化影响结果拟合效果较好，而空间误差模型则对资本密集型制造业的拟合结果较好。因此，根据模型估计结果，选择合适的模型结果进行具体的阐释。具体而言，虽然在细分三个制造业行业的检验中一些变量并未通过检验，但依然可以发现大多数变量的系数符号与表5-5中模型的结果保持一致，即各个主要解释变量的回归结果与本文的前文提出的假说较为一致，这也说明这三个要素是塑造长三角地区制造业专业化的主要影响因素。

1. 地方化、城市化与全球化对劳动密集型制造业专业化的估计结果分析

两个模型对长三角地区劳动密集型制造业专业化的估计结果较为一致，但是空间滞后模型的拟合结果更优，因此参数系数均采用该模型的估计结果。

首先，反映地方化要素的多个变量均表现出显著影响，并且与整个行业的估计结果较为一致。其中，本地市场规模会对劳动密集型制造业专业化产生显著的正向影响，即社会消费品规模每增加1个单位会对县域劳动密集型制造业专业化指数提升0.32%，这是因为劳动密集型制造业对市场的依赖性较强，需要通过扩大市场规模来强化专业化产业的地区优势。工资变量表现出显著的负向作用，即单位职工工资每上升1元，会导致劳动密集型制造业专业化指数下降0.00009%。土地价格也表现出显著正向影响，即单位面积的土地价格提升1万元会促进劳动密集型制造业专业化指数上升0.00008%。产业开发区变量的回归系数显著为负，并且与原先的模型结果保持一致，而且省级以上开发区数量每增加1个，会导致劳动密集型制造业的专业化下降2.15%，依然表明政府设立的开发区可能不利于制造业的专业化。

其次，从反映城市化作用的变量来看，城市化率、城市规模以及外来人口变量在两个模型中的估计结果均没有通过显著性检验，但是系数符号与整个行业的估计结果保持一致。

最后，从全球化变量来看，除了世界城市表现出显著的正向作用之外，FDI、外资企业份额以及出口贸易变量均没有通过显著性检验。具体而言，世界城市变量系数显著为主，即当县域属于世界城市时，会提升其专业化指数6.24%，这就表明属于世界城市有利于劳动密集型制造业专业化的提升，因为其可以提供与世界其他地区加强联系的渠道，可以扩展其外部市场和快速获取市场信息，进而提升其生产的专业化水平。

　　总体而言，在劳动密集型制造业的回归模型中，剩余变量虽然没有通过检验，但是系数基本与准模型保持一致。空间误差模型中的参数估计结果与空间滞后模型的估计结果较为一致，这里不再细述。同时，可以发现地方化要素在塑造劳动密集型制造业专业化过程中发挥着主导作用，而另外两个要素的作用相对较小。

　　2. 地方化、城市化与全球化对资本密集型制造业专业化的估计结果分析

　　从资本密集型制造业的模型估计结果来看，空间误差模型的拟合结果要比空间滞后模型更优，因此模型估计的变量系数主要采用空间误差模型的估计结果。

　　其中，反映地方化要素的职工工资、土地价格以及产业开发区三个变量均表现出显著的影响，且系数符号与制造业整体模型回归结果的符号完全一致。其中，职工工资每提升 1 元，结果会导致资本密集型制造业专业化指数下降 0.0004%，这就说明资本密集型制造业也偏向于劳动力成本较低的区域。而单位出让土地价格每上升 1 万元，结果会使得资本密集型制造业专业化指数上升 0.0001%，这就说明专业化资本密集型制造业才能支付昂贵的地租。而开发区变量的结果显著为负，即省级以上开发区的数量每增加 1 个，会导致资本密集型制造业专业化指数下降 6.15%，这就表明产业开发区的设立会阻碍资本密集型制造业专业化指数的提升。

　　从反映城市化作用的变量来看，城市化率、城市规模以及外来人口变量在两个模型中的估计结果仍旧没有通过显著性检验，但是系数符号与整个行业的估计结果保持一致。

　　从反映全球化的变化来看，除了外资企业份额变量表现出显著的负向影响之外，其余的 FDI、出口以及世界城市变量均未通过显著性检验，在空间滞后模型也反映出同样的估计结果。具体而言，外资企业的进入仍然会不利于资本密集型制造业专业化的提升，即每增加 1 个百分点的外资企业占比会导致其专业化下降 0.81%。反映参与国际的出口变量和世界城市变量的结果依然为正，但是没有通过显著性检验。

　　总体而言，地方化要素和全球化要素对长三角地区资本密集型制造业专业化具有显著的影响，并发挥重要的作用。剩余变量虽然没有通过检验，但是系数基本与准模型保持一致。

3. 地方化、城市化与全球化对技术密集型制造业专业化的估计结果分析

从技术密集型制造业的模型结果来看，空间滞后模型的估计结果要比空间误差模型的估计结果拟合效果更优，因此系数估计结果采用该模型的计量结果。

具体而言，在其他条件不变的情况下，职工工资变量的结果显著为负，即职工工资每增加 1 元，会导致技术密集型制造业专业化指数下降 0.0007%，这就说明工资下降有利于技术密集型制造业专业化的提升。虽然技术密集型行业提供的工资较高，但是其仍然对职工的工资较为敏感。土地成本变量通过了显著性水平检验，并且单位面积土地出让价格每上升 1 万元，会导致技术密集型制造业专业化指数提升 0.0003%。剩余两个反映地方化的变量虽然没有通过显著性水平检验。

从城市化变量来看，反映城市规模和外来人口的两个变量均没有通过显著性检验，而反映城市阶段调整的城市化率变量通过了显著性检验，并且结果为负。具体来说，城市化率每增加 1 个百分点，会导致技术密集型制造业的专业化指数下降 0.26%。这是因为城市化的提升推动着服务业的发展，会对制造业整体发展产生挤出效应。虽然很多城市着力发展技术密集型制造业，但是由于城市自身的产业基础差异与发展水平差异，导致其并未能确定其具体的专业化领域，虽然争相发展当下较热的技术型产业，反而不利于技术密集型制造业的发展，进而妨碍其专业化的推进。

从全球化要素的变量结果来看，全球化会对技术密集型制造业的专业化产生显著的正向影响。其中，FDI 的结果显著为正，即 FDI 每增加 1 万美元，结果会促使制造业专业化指数上升 0.00008%。这个结果与整个行业的估计结果存在一定差异，这主要是因为技术密集型制造业的技术含量较高且投入较大，FDI 进入该行业会选择具有该类行业优势的地区进入，并且由于 FDI 带来的先进技术溢出与创新交流，会进一步促进技术密集型制造业的行业水平的提升，进而提升其专业化水平。同时，出口变量也表现出显著的正向作用，即出口每增加 1 万美元，会导致其技术密集型制造业专业化提升 0.00001%。世界城市变量的回归结果也显著为正，即县域属于世界城市会促进其技术密集型制造业专业化指数上升 12.73%。这就表明技术密集型制造业会通过参与贸易与联系强化行业的专业化水平，且与全行业的估计结果相同。

总体而言，地方化要素、城市化要素与全球化要素对长三角地区技术密集型制造业专业化具有显著的影响，并发挥重要的作用。剩余变量虽然没有通过检验，但是系数基本与准模型保持一致。

第三节　本章小结

本章基于前文的地方化、城市化与全球化的分析框架，通过空间面板数据模型对这三个要素进行了实证分析，并对细分三类行业的专业化也利用了该模型进行实证分析，具体的发现可以总结如下：

第一，本地市场规模、工资、土地价格、地方发展政策等地方化因素对长三角地区的制造业专业化具有重要影响。这个结果与已有研究关于要素禀赋和经济专业化比较优势的研究结果基本一致（Harrigan and Zakrajsek，2000；Wu et al.，2018）。文献中的一个误解是，政府干预可以重新配置和促进比较优势的形成，从而促进制造业专业化，但是本书发现情况并非总是如此。虽然政府设立产业开发区等举措可以提供优惠政策和加强基础设施建设来吸引制造业企业，但这些企业可能无法形成具有竞争力的区域优势。被吸引的企业可能聚集在园区内，利用地方政府提供的优势，但不一定能形成产业关联性，从而产生集聚和专业化效应。在引进制造企业时，地方政府往往注重工业投资和对当地生产的增值，但在工业类型上并不是特别挑剔。随着时间推移，当优惠政策到期时，制造业企业可能会选择迁往另一个地方，这一结果在当前美中贸易争端的进程中得到了很好的证明。没有制造业的专业化，人为创造的比较优势可能无法长期维持，因为全球市场上对工业投资的区域竞争十分激烈。因此，地方政府在促进区域经济增长时，可能需要注重产业关联性和协同效应。

第二，制造业专业化与城市化的要素指标之间存在负相关关系，这与美国一些关于制造业多样性的研究结果较为一致（Duranton and Puga，2000）。这意味着长三角部分城市已经超越了工业化和城市化并行不悖的阶段。可以预见，未来的城市发展将继续推动长三角制造业多样化。在长三角地区，核心城市化地区对制造业集聚的排斥作用已经显现，制造业专业化只在外围城市化地区占主导地位。城市化对制造业的正向外部性已经被城市化的不经济性所抵消。这意味着在很短的时间内，长三角大地区的城镇化进程中趋于成熟，一度活跃于核心城市化地区的制造业被逐渐被淘汰。在 2008 年全球金融危机的压力下，制造业专业化削弱了其在核心城市化地区的主导地位，只在外围城市化地区占主导地位。随着城市的快速发展，长三角地区的城市化已经开始阻碍制造业专业化，这一过程可能很快就会在其外围城市化地区出现。

第三，全球化对制造业专业化有两种截然不同的影响。从出口贸易和世界城市变量可以看出，制造业的空间组织是由全球经济一体化和制造业参与全球分工所带来的专业化利益所塑造的，这种参与有效地将全球市场扩展到长三角地区。全球贸易对制造业专业化的空间效应已在文献中得到了支持（Dauth et al.，2014；Gómez-Zaldívar et al.，2017；Bos et al.，2019）。现有研究也认为全球化可以加强不同国家或地区之间的专业产业优势，因为跨国公司扩大了贸易市场和纵向一体化战略（Dunning，1981；Dunning，2002；Kuncoro and Wahyuni，2009；Dauth and Suedekum，2015）。本章还发现，一个属于全球城市的县域将会增加其制造业专业化。世界城市与世界联系最紧密，对全球经济变化和技术创新最敏感（Belderbos et al.，2017）。为了在全球竞争，世界城市关注高度专业化的高技术制造业的发展。低端制造业被转移出去，而那些技术水平高、市场前景好、经济效益高的产业被保留在这些世界城市中，以获得最先进的技术支持、资金投入和市场信息。因此，高度专业化的产业往往聚集在世界城市，增加了其制造业的专业化。与此同时，拥有大型国际和国内市场的世界城市也将加强其制造业专业化。

普遍认为，通过全球生产网络实现的全球制造业一体化促进了新兴经济体的制造业专业化。跨国公司的全球资本流动在一体化进程中发挥着重要作用。实证上，已有研究也发现外资进入对国家的相对专业化有正向影响（Vechiu and Makhlouf，2014）。然而，本章发现，外资企业进入对长三角地区制造业专业化没有好处。这一结果意味着，对长三角的外商直接投资可能更多地侧重于开发当地市场和国内产品市场潜力，而不是单纯地参与全球分工。已有的一些文献也发现外资企业所占比例越高越不利于制造业专业化，例如，在欧洲一体化时期，欧洲专业化呈现出显著的下降趋势（Krieger-Boden，2000；Storper et al.，2002；Suedekum，2006）。

第四，基于细分行业模型回归结果与制造业整体的模型回归结果也印证了前文提到的地方化、城市化与全球化会对不同类型制造业的地区专业化产生影响。多数变量的实证结果与整个产业模型的回归结果是一致的，但是可以发现这三个要素对不同类型制造业的影响存在一定差异。具体而言，反映地方化要素的多个变量均发现对三个不同分类行业的地区专业化产生显著影响，尤其是对劳动密集型和资本密集型行业的专业化作用较大，而对技术密集型制造业专业化的影响相对较小。在其他条件不变的情况下，在地方化要素中，劳动密集型制造业和资本密集型制造业的专业化受开发区的影响较大，同时劳动密集型制造业对市场规模的变化也非常敏感，而技术密集型制造业则对土地和工资较为敏感。城市化要素对技术密集型制造业的影响较为敏感，而另外两个类型的制造业则与之不同。在全球化要素中，世界城市变量的影响对三个类型制造业专业化影响均比较大，说明参与世界联系均会对三个类型制造业专业化产生重要的推动作用。技术密集型制造业专业化对出口变化较为敏感，而资本密集型制造业则对外资企业的进入变化较为敏感。

与整个行业估计结果存在差异的一个地方是，FDI 的进入会促使长三角地区技术密集型制造业专业化指数的提升。究其原因是，FDI 的进入不仅会带来充足的资金支持，同时也会带来先进的技术、管理经验与创新知识，这有利于地区获得相关的知识和技术溢出，同时也可以方便地利用资金和技术优势来吸引优秀技术人才和管理人才，进而促进技术密集型制造业生产技术和产业水平的提升，从而提升了地区技术密集型制造业专业化水平。

第六章

地方化、城市化与全球化对长三角地区
制造业空间集聚影响分析

基于本书中第二章建立的分析框架，本章将着重利用实证模型来估计地方化、城市化与全球化对县域制造业集聚演变的影响。为了验证前文提到的假说，本章主要探讨以下几个问题：（1）地方化对长三角地区制造业集聚的具体影响；（2）城市化对长三角地区与制造业集聚的具体影响；（3）全球化对长三角地区制造业集聚的具体影响；（4）地方化、城市化和全球化对长三角地区劳动密集型、资本密集型以及技术密集型三个不同类型产业集聚的影响。

第一节　模型的构建和指标选取

一、模型的构建

本章仍旧延续第五章模型构建的方法，利用空间面板模型进行模型的构建，具体的公式如下：

$$SARPDM: Y = \rho W_{NT} Y + x\beta + \varepsilon \qquad (6-1)$$

$$SEPDM: \begin{cases} Y = x\beta + \varepsilon \\ \varepsilon = \lambda W_{NT} \varepsilon + \gamma \end{cases} \qquad (6-2)$$

其中，Y 为制造业集聚指数，即 MAI；其余变量符号均与第五章中的模型内容一致。

二、指标的选取与描述性统计

1. 地方化要素的变量选择

这里主要选择五个具体的变量指标来反映地方化因素的作用。第一，选择本地市场规模来反映其对制造业集聚的影响。新经济地理理论认为市场规模较大的区域更能吸引企业集聚，本地市场会通过自身消费来拉动产业集聚（安树伟和张晋晋，2016）。这里主要选取社会消费品零售总额（Market size）来反映地方市场对制造业集聚的影响。第二，制造业偏于向生产成本较低的区域布局，劳动力成本和土地成本是影响制造业布局的两个核心要素。地区劳动力的成本会对制造业集聚和扩散产生重要影响，尤其是随着产业集聚对劳动力需求的增加，便会造成劳动力成本上升，会促使制造业企业向劳动力成本较低的地区扩散（王芳芳，2018）。因此，选择制造业平均职工工资（Wage）来反映县域劳动力的成本，揭示本地需求对制造业集聚的影响（Liu，2013）。第三，在成本最小、利润最大区位原则的影响下，制造业企业倾向于选择地价较低的区位（王舒馨等，2017）。因此，依旧选择单位面积"招拍挂"土地的成交价格（Land price）来反映土地成本，由于该指标仅仅可以获取到城市层面，因此利用城市层面的单位土地价格数据代替县域数据。开发区的主要目的便是形成产业集聚（唐承丽、吴艳和周国华，2018）。第四，开发区主要通过土地、税收等优惠政策，并提供产业发展的基础设施以及专门政府服务，对制造业企业具有很强的吸引作用，成为目前制造业空间分布的重要载体，并使其形成新的扩散和集中（郑国和邱士可，2005；高辰和申玉铭，2018）。选择县域省级以上开发区数量（Industrial Development Zones，IDZ）反映政府行为对产业集聚的作用。第五，一个地区的交通运输情况会影响到制造业空间分布的聚集和扩散，因为运输成本会影响制造业的集聚（李燕和贺灿飞，2013；安树伟和张晋晋，2016）。鉴于获取县域交通流量数据难度较大，本书选取交通运输业从业人数（Transport）来反映交通运输的水平，作为代理指标。需要指出的是，2000年交通从业人口的数据来源于第五次人口普查资料，而2004年、2008年和2013年的交通从业人数则来源于各自年份的企业经济普查资料。

2. 城市化要素的变量选择

城市化要素主要选择了三个变量来反映城市化的规模和阶段。首先，在城市人口较多的地区，经济活动往往比较集中，为制造业发展提供了较大市场规模（陈访贤，2008）。因此，选择城市人口数量（Urban size）来反映城市整体规模。城市化水平反映了一个地区城市化发展阶段。其次，在城镇化过程中，一方面为制造业发展提供了良好的基础设施支持，降低了搜寻成本，促进了制造业的集聚；另一方面城市化问题如交通拥堵、环境污染、犯罪等问题会影响到制造业集聚（纪玉俊和李志婷，2018）。因此，选择城镇化率（Urbanization rate）来反映城市发展阶段对制造业的影响。由于县域数据中常住人口数据难以获取，我们利用户籍人口进行计算。最后，受收入差异的影响，人口迁移对制造业也会产生作用（Poncet，2006）。在长三角城市化的过程中，越来越多的内陆或周边省份的人口向长三角地区集中（Wu et al.，2018）。这些劳动力的进入进一步推动了长三角地区城镇化发展的速度与规模，为制造业的集聚提供了大量的劳动力支持。因此，选择外来人口迁入量（Migration）来反映城市规模的增长。该变量主要通过 2000 年和 2010 年人口的外来人口的迁入量计算年增长率，然后估计当年的县域人口迁入量。利用制造业专业化指数（KSI），分析制造业专业化水平对制造业集聚水平的影响，主要通过前述第五章的克鲁格曼指数进行计算所得。

3. 全球化要素的变量选择

全球化要素的变量选择，依旧延续了第二章和第四章的思路，主要从外资进入和参与全球贸易两个层面进行选择。首先，外商直接投资对制造业的空间分布具有显著影响，因为外商直接投资流入可以增加用于投资的总体财政资源，缓解潜在的发展瓶颈，同时外商直接投资可以带来先进的生产技术和制造工艺、流程等（赵伟和张萃，2007）。因此，选择外商直接投资（FDI）来反映外资的影响。外资还通过在长三角地区设立企业或通过合资的形式建立企业。同时，外资也是地方招商引资的重要目标，而很多外资企业往往技术和管理经验较为先进，会吸引其他企业共同集聚。因此，选择外资资产在总资产中的比重（Forcapital）来反映外资企业的影响。其次，对外贸易主要通过市场扩张效应、技术溢出效应以及要素积累效应等促进了制造业集聚（邵昱晔，2012）。因此，我们选择出口交货值占制造业生产总值的比重（Exports proportion），从国际需求层面反映参与全球化过程对制造业集聚的影响（He et al.，2007；He et al.，2008；Liu，2013）。

此外，选择了 GDP、固定资产投资（Investment）以及制造业平均企业规模（Manufacturing Scale）作为控制变量（Wu et al.，2018），综合反映县域经济规模、投资水平以及规模经济对制造业集聚的影响。面板数据主要以 2000 年、2004 年、2008 年以及 2013 年的工业企业数据为基础，进行面板数据模型的构建。表 6 – 1 展示本章用到的基本变量相关的一些属性描述。

表 6 – 1　　　　　　　　　模型中变量的属性特征描述

	变量名称	定义	最大值	最小值	均值
被解释变量	Ln MAI	利用总产值、从业人数、企业人数以及总资产综合考察计算，获得的制造业集聚指数	1.943	– 5.507	– 1.273
地方化	Ln(Market size)	消费品零售总额（10 亿元）	7.317	0.405	3.956
	Ln(Wage)	制造业应付工资/职工人数（元）	11.276	8.647	10.093
	Ln(Land price)	招标、拍卖或挂牌出售的土地的平均价格（万元/公顷）	9.069	4.322	6.698
	Ln(IDZ)	省级以上工业园区数量	2.565	– 20.723	– 7.545
	Ln(Transport)	交通运输、仓储以及邮政业从业人数	12.014	4.615	8.119
城市化	Ln(Urban size)	户籍总人口（万人）	5.639	2.061	3.999
	Urbanization rate	非农人口总数/人口总数（%）	100	4.307	44.211
	Ln(Migration)	外来人口迁入数量（人）	3.296	– 2.303	2.080
	Ln(KSI)	利用 29 个制造业计算克鲁格曼专业化指数	0.631	– 1.27	– 0.20
全球化	Ln(FDI)	外商直接投资总额（万美元）	13.129	– 20.723	8.089
	Forcapital	外资企业资产/总资产（%）	36.56	0	5.81
	Exports proportion	出口交货值/销售总产值（%）	76.98	0	20.211
控制变量	Ln(GDP)	国内生产总值（亿元）	8.772	1.792	4.906
	Ln(Investment)	固定资产投资（亿元）	13.427	0.542	4.119
	Ln(Manufacturing Scale)	县域企业平均企业规模（从业人数/企业数量）	6.940	3.786	5.376

注：这里的主要变量的属性主要是整个制造业的数据描述，三个分类型行业的数据没有展示。

第二节　模型结果

利用 Geo-Da 软件计算 2000 ~ 2013 年长三角地区制造业集聚指数的 moran's I 值，结果如表 6 – 2 所示，可以发现长三角地区的制造业集聚指数的 moran's I 值较高且较为稳定，表明制造业集聚指数具有较强的空间集聚特征，因此可以使用相关的空间计量模型。

表6-2   长三角地区制造业集聚指数的moran's *I* 变化

年份	moran's *I*
2000	0.423 ***
2004	0.426 ***
2008	0.435 ***
2013	0.387 ***

注：*** 表示在1%水平上显著。

在使用模型之前，本书先通过 Hausman 检验（P = 0.000）固定效应和随机效应哪个模型更适合，结果发现固定效应非常显著，因此本章利用空间面板数据的固定效应模型进行系数估计。

一、地方化、城市化与全球化对制造业整体集聚水平的影响

利用空间面板数据模型的固定效应来检验地方化、城市化与全球化要素对长三角地区制造业集聚的影响，总体看来，分模型的估计结果与整个模型的估计结果较为一致，证实了地方化、城市化与全球化要素对制造业集聚产生显著的影响。表6-3展示了空间面板模型的估计结果，根据 Log-likehood 值、AIC 和 BIC 等的检验结果，空间误差模型的估计结果更好。其中，模型（6-1）～模型（6-3）展示了三个要素分别放入模型的结果，模型（6-4）展示了所有变量的模型估计结果，模型（6-5）～模型（6-7）分别反映了地方化、城市化以及全球化变量之间的交互作用。

表6-3   空间误差模型估计结果

解释变量	模型(6-1)	模型(6-2)	模型(6-3)	模型(6-4)	模型(6-5)	模型(6-6)	模型(6-7)
Ln(Market size)	0.0505 (0.0451)			-0.0346 (0.0437)	-0.0580 (0.0445)	-0.0335 (0.0437)	-0.0579 (0.0430)
Ln(Wage)	0.2853 *** (0.0536)			0.2692 *** (0.0512)	-0.0952 (0.1464)	0.2304 *** (0.0802)	0.2473 *** (0.0503)
Ln(Land price)	-0.1004 *** 0.0381			-0.1442 *** (0.0374)	-0.1548 *** (0.0374)	-0.1445 *** (0.0376)	-0.1546 *** (0.0370)
Ln(IDZ)	0.0051 *** 0.0018			0.0033 ** (0.0016)	0.0033 ** (0.0016)	0.0033 ** (0.0017)	0.0036 ** (0.0016)

续表

解释变量	模型 (6-1)	模型 (6-2)	模型 (6-3)	模型 (6-4)	模型 (6-5)	模型 (6-6)	模型 (6-7)
Ln(Transport)	0.0406** 0.0205			0.0135 (0.0195)	0.0164 (0.0195)	0.0125 (0.0196)	0.0163 (0.0191)
Ln(Urban size)		0.3275*** 0.0899		0.2266** (0.0907)	0.0123 (0.1211)	0.2243** (0.0906)	-0.0159 (0.0983)
Urbanization rate		0.0048*** 0.0012		0.0050*** (0.0012)	0.0053*** (0.0012)	0.0049*** (0.0012)	0.0053*** (0.0012)
Ln(Migration)		0.1990*** 0.0417		0.1583*** (0.0431)	0.1780*** (0.0436)	0.1570*** (0.0431)	0.1535*** (0.0422)
Ln(KSI)		-0.5550*** 0.0794		-0.6510*** (0.0790)	-0.6595*** (0.0788)	-0.6526*** (0.0789)	-0.6435*** (0.0773)
Ln(FDI)			-0.0123*** (0.0039)	-0.0084** (0.0036)	-0.0084** (0.0036)	-0.0205 (0.0196)	-0.1080*** (0.0178)
Proportion of FA			0.0002 (0.0041)	-0.0050 (0.0039)	-0.0051 (0.0039)	-0.0050 (0.0039)	-0.0029 (0.0039)
E-proportion			0.0066*** (0.0017)	0.0069*** (0.0017)	0.0069*** (0.0017)	0.0069*** (0.0017)	0.0057*** (0.0016)
Ln(Wage)× Ln(Urban size)					0.0907*** (0.0341)		
Ln(Wage)× Ln(FDI)						0.0048 (0.0077)	
Ln(Urban size)× Ln(FDI)							0.0316*** (0.0055)
控制变量	Yes	Yes	Yes	Yes	Yes	Yes	Yes
样本量	828	828	828	828	828	828	828
R^2	0.10	0.09	0.03	0.18	0.18	0.17	0.19

注：括号内为标准误差；***、**分别表示在1%、5%水平上显著。

　　模型（6-1）发现衡量地方化作用中多个变量的系数非常显著，证实了地方化要素对制造业集聚的差异化作用，回应了假说1。从模型（6-4）的估计结果来看，工资变量的系数显著为正，即职工工资每增加1%，会导致MAI上升0.2692%。因为工资较高的县域往往经济发展水平较高和产业基础好，同时职工素质相对较高，可以满足产业的高质量生产与降低招工成本

（Storper，2013）。同时，制造业的集聚可以促进生产率和效益的提升，可以负担得起高工资。刘志强（2013）、路江涌（2010）和吴加伟等（2018）等学者也发现工资上升对中国县域和长三角市域制造业集聚有正向作用。土地成本反映出显著的负向影响，即单位面积土地价格每增长1%，会使得MAI下降0.1442%。这是由于长三角地区工业用地紧张且控制严格，导致企业的用地成本很高。在这种情况下，制造业企业便会开始外迁到别的外围地区，这就表明城市土地租金上涨是制造业分散的推动力（Henderson，1974）。同时，由于服务业部门的快速发展，也在争夺用地指标，从而不利于制造业集聚。已有研究发现，随着土地成本上升，珠三角地区制造业企业开始转移到生产成本更低的地区（李燕和贺灿飞，2013）。开发区变量系数显著为正，即省级以上开发区每增加1%，会促进MAI上升0.0033%。由于开发区纷纷出台相关的土地、税收优惠政策吸引企业入驻，进而提升县域制造业集聚指数（高辰和申玉铭，2018）。

从城市化要素的模型结果来看，模型（6-2）和模型（6-4）都显著证实了城市化的发展会促进制造业集聚，回应了本书的城市化效应假说。具体看来，模型（6-4）表明城市规模变量系数显著为正，即城市规模每增加1%，会促进MAI上升0.2266%。这是因为城市人口规模较大的城市，可以为制造业发展提供充足的劳动力供给，可以从数量和质量上满足制造业企业发展需求（Hanson，2001）。城镇化率变量系数也显著为正，即城镇化率每增长1个百分点，会导致MAI增加0.5010%。城镇化率是反映城市化发展阶段的重要指标，随着城市化水平的提升，会为制造业的发展提供范围经济、溢出、较好的设施支持以及专业化的商业服务（Florida，1994；Na et al.，2000），通过强化需求关联的投入产出联系和循环累积效应（吴福象和刘志彪，2008），会促使企业向城市化发展水平较高的地区集聚。同时，由于地区经济发展差异较大，导致只有在城市化水平较高的地区才能匹配制造业发展的需求，外围地区难以维系制造业发展的各种产业需求与配套设施（Storper，2013）。吴加伟等（2018）也发现城市化水平对长三角地区核心地区和边缘地区的制造业集聚均表现出显著的正向作用。外来迁入人口变量的系数显著为正，表明外来人口的迁入数量每增加1%，结果会促使MAI提升0.1751%。这是因为外来人口偏向会向收入水平较高且容易找到工作的城市集中，进一步提升了原有城市的人口规模，为制造业企业提供了更多的选择和劳动力供给，进而促进了制造业集聚。最后，制造业专业化指数结果显著为负，表明随着城市化的不断推进，制造业也更加愿意在制造业结构多样化的城市进行集聚，因为城市功能的多样化会提供多样化的配套产业、人才供给，并共同抵御市场风险。

从全球化要素的估计结果来看，模型（6-3）与模型（6-4）的估计结果均证实了外资进入会促使制造业集聚指数下降，而出口会强化制造业集聚，回应了假说3。具体而言，FDI变量在分模型和整个模型中的估计结果都表现出负向作用，而出口变量则表现出显著的正向作用。从模型（6-4）来看，FDI会对制造业集聚产生显著的负向影响，即FDI每增加1%，会造成MAI下降0.0084%。潘峰华等（2011）也发现FDI对珠三角制造业集聚有显著的负向作用，这是由于深圳、广州生产成本的上升导致外商投资省内扩散引起的。从长三角发展的轨迹来看，长三角地区的企业区位选择也进入到扩散阶段。由于各个主要城市向世界城市发展的需要，制造业比重下降明显，同时很多一般性制造业也被不断挤出核心城市，这就导致外资向省内其他城市扩散，进而推动了制造业的扩散和转移（范剑勇，2004）。出口变量的系数显著为正，说明出口交货值占比每增加1%，会造成MAI上升0.69%。已有研究中，刘志强（2013）也发现了出口有利于中国县域制造业的整体集聚。长三角地区依靠对外贸易成本较低的优势，以国际分割生产形式融入国际新分工体系，从而促进了制造业集聚（邵昱晔，2012）。

模型（6-5）~模型（6-7）显示除反映地方化和全球化相互作用的变量不显著外，另外反映地方化和城市化、城市化与全球化交互项均呈现出显著的正向影响，且其余变量均与原模型结果一致，这就表明三者之间相互作用对制造业集聚产生影响。具体看来，城市化推进会提升地方生产成本，同时随着地方生产成本的上涨，也意味着城市化的快速推进。城市规模较大且劳动力成本较高的城市，往往经济发达、产业完善且各项城市化基础设施较为完善，可以为制造业发展提供较好的发展环境，并能缩减其他运营成本。城市化与全球化之间也相互影响，城市规模较大且城市化水平较高的地区，往往与世界其他地区联系紧密，受经济全球化的影响较大。同时，外资也倾向于向城市化发展水平较高的地区集聚，以便可以获得更好的投资回报。

二、地方化、城市化与全球化对制造业分行业集聚的影响

更进一步，分别计算了长三角地区 207 个县域劳动密集型制造业集聚指数、资本密集型制造业集聚指数以及技术密集型制造业的县域集聚指数，然后分别利用空间滞后和空间误差两个固定效应模型估计地方化、城市化与全球化因素对三种不同类型制造业的作用，结果如表 6-4 所示。总体看来，各个模型对三种类型制造业集聚的估计结果与制造业整体模型的估计结果较为一致。从 Log-likehood 值、AIC 和 BIC 等的检验量来空间误差模型对劳动密集型和技术密集型制造业集聚影响的拟合结果较好，而空间滞后模型对资本密集型制造业集聚影响的拟合结果较好。

表 6-4　　　　　　基于空间滞后和空间误差两个模型的估计结果

解释变量	SAR			SEM		
	劳动密集型制造业	资本密集型制造业	技术密集型制造业	劳动密集型制造业	资本密集型制造业	技术密集型制造业
Ln（Market size）	-0.1263 ** (0.0529)	0.0304 (0.0581)	-0.1844 ** (0.0888)	-0.0213 (0.0540)	0.0668 (0.0624)	-0.0806 (0.0919)
Ln（Wage）	0.6398 *** (0.0161)	0.1153 *** (0.0178)	0.5449 *** (0.0127)	0.6463 *** (0.0149)	0.1130 *** (0.0176)	0.5473 *** (0.0121)
Ln（Land price）	-0.0592 ** (0.0247)	-0.0645 ** (0.0265)	-0.1439 *** (0.0400)	-0.0983 ** (0.0423)	-0.1388 *** (0.0431)	-0.1510 *** (0.0545)
Ln（IDZ）	0.0094 *** (0.0022)	0.0055 ** (0.0024)	0.0031 (0.0037)	0.0065 *** (0.0021)	0.0037 (0.0025)	-0.0021 (0.0037)
Ln（Transport）	0.0312 (0.0216)	-0.0132 (0.0238)	0.0100 (0.0363)	0.0303 (0.0246)	-0.0034 (0.0279)	0.0513 (0.0403)
Ln（Urban size）	0.2637 ** (0.1306)	0.2304 * (0.1436)	0.7917 *** (0.2184)	0.1073 (0.1148)	0.1617 (0.1370)	0.5690 *** (0.2070)
Urbanization rate	0.0053 *** (0.0016)	0.0035 ** (0.0017)	0.0065 ** (0.0026)	0.0046 *** (0.0016)	0.0035 * (0.0018)	0.0053 * (0.0027)
Ln（Migration）	0.0059 (0.0520)	0.2044 *** (0.0571)	0.0921 (0.0879)	-0.0012 (0.0536)	0.2675 *** (0.0620)	0.1631 * (0.0916)
Forcapital	-0.0114 *** (0.0025)	-0.0032 (0.0037)	-0.0092 ** (0.0039)	-0.0068 *** (0.0024)	-0.0053 (0.0039)	-0.0078 * (0.0040)

续表

解释变量	SAR			SEM		
	劳动密集型制造业	资本密集型制造业	技术密集型制造业	劳动密集型制造业	资本密集型制造业	技术密集型制造业
Exports proportion	0.0225 ** (0.0012)	−0.0011 (0.0016)	0.0061 *** (0.0018)	0.0015 (0.0012)	−0.0014 (0.0017)	0.0059 *** (0.0069)
Ln（GDP）	−0.3597 *** (0.0456)	−0.3090 *** (0.0499)	−0.3593 *** (0.0749)	−0.3044 *** (0.0483)	−0.2695 *** (0.0558)	−0.3706 *** (0.0789)
Ln（Investment）	0.1025 *** (0.0235)	0.0955 *** (0.0261)	0.2260 *** (0.0390)	0.0190 (0.0231)	0.0844 *** (0.0270)	0.1512 *** (0.0403)
Ln（Manufacturing Scale）	0.1963 *** (0.0415)	0.1371 *** (0.0456)	0.4478 *** (0.0683)	0.2540 *** (0.0541)	0.2461 *** (0.0598)	0.5789 *** (0.0824)
lambda				0.5910 *** (0.0305)	0.4901 *** (0.0328)	0.3710 *** (0.0402)
rho	0.4189 *** (0.0286)	0.4560 *** (0.0320)	0.1952 *** (0.0317)			
N	828	828	828	828	828	828
r2	0.5972	0.1811	0.6898	0.6143	0.1682	0.6896
Log-likelihood	−326.4316	−408.8411	−735.1592	−295.5458	−409.3891	−717.5304
AIC	682.8631	847.6823	1 500.318	621.0916	848.7782	1 465.061
BIC	753.6483	918.4675	1 571.103	691.8768	919.5634	1 535.846

注：括号内为标准误差；*** 、 ** 、 *分别表示在1%、5%和10%水平上显著。

1. 地方化、城市化以及全球化对劳动密集型制造业集聚的估计结果分析

两个模型对劳动密集型制造业的估计结果较为一致，但是空间误差模型的估计效果更好，因此，变量系数采用 SEM 模型的估计结果。

（1）从地方化的变量结果而言，市场规模对劳动密集制造业集聚也表现出负向作用，但是其并未通过显著性检验。劳动密集型制造业受市场作用最大，随着市场规模的扩张，劳动密集型制造业由于产业本身门槛较低，市场竞争更为激烈。在充分竞争的情况下，劳动密集型制造业由于地域风险和抗压能力较差，因此会随着市场规模的不断增大而出现转移，从而不利于制造业集聚。从工资变量来看，发现该系数表现出显著的正向影响，即劳动密集型制造业工资每上升1%，会导致劳动密集型制造业集聚指数上升 0.6463%。

刘志强（2013）发现工资水平有利于中国县域服装产业的集聚。同时，本书与吴加伟等（2018）在长三角的研究中得到的结论一致，他们选择制衣、制鞋、制帽制造业作为案例，发现工资水平的提升会促进劳动密集型制造业集聚水平的提升。虽然长三角地区劳动力工资不断上升，但是企业仍然愿意在此集聚，这是因为在长三角地区工作的大多数劳动力为技术熟练工人。这些技术熟练的劳动力为劳动密集型制造业企业所必需的，为了降低搜寻成本，劳动密集型制造业仍然集聚于该地区。

从土地价格变量来看，模型结果发现土地价格越低，越有利于劳动密集型制造业集聚。其中，土地价格每增加1%，会促使劳动密集型制造业集聚指数下降0.0983%。劳动密集型制造业对劳动力和土地成本非常敏感，虽然集聚可以降低对劳动力成本的依赖，但是高昂的土地成本还是会使得劳动密集型制造业趋于分散（刘汉初等，2020）。伴随长三角地区主要城市的经济结构调整，城市工业用地的成本很高，劳动密集型制造业由于无力支付高昂的土地成本，导致其向省内或其他地区转移分散。从开发区变量来看，发现开发区数量增加会促进劳动密集型制造业的集聚，即开发区数量每增加1%，会使得劳动密集型制造业集聚水平上升0.0065%。开发区作为地区制造业的主要集聚地，具有政策、税收、土地等方面的优惠，会吸引劳动密集型制造业在此集聚，因为进驻开发区会显著降低劳动密集型制造业的生产成本。例如，浙江海宁经编产业园区的主要产业类型以经编针织产品为主，浙江诸暨珍珠产业园区主要以珍珠加工以及浙江景宁经济开发区主要以农副食品、竹制品为主等，这些开发区的建设明显促进了这些劳动密集型制造业的集聚。

（2）从城市化的变量来看，模型结果表明城镇化率每提升1个百分点，会导致劳动密集型制造业集聚指数提升0.46%。这与刘志强（2013）和吴加伟等（2018）在中国和长三角的研究结论一致，他们发现城市化水平对以纺织或制衣、制鞋、制帽为代表的劳动密集型制造业有显著的促进作用。城市规模变量虽然没有通过模型检验，但是在SAR模型中表现出显著的正向作用。

（3）从全球化变量来看，模型发现外资资产比重每增加1个百分点，会导致劳动密集型制造业集聚指数下降0.68%。这是因为外资企业在长三角布局劳动密集型制造业主要是为了降低成本和占领市场，外商投资主要为了寻求利益最大化，在长三角地区内其他区域寻找生产成本更低的地方布局，导致了劳动密集型制造业趋于分散（刘汉初等，2020）。从反映全球化的最后一个出口贸易变量来看，该变量的系数为正，并且在空间滞后模型中发现出口交货值占比每增加 1 个百分点，会造成劳动密集型制造业集聚指数提升0.15%。这与刘志强（2013）发现出口有利于以纺织业为代表的劳动密集型制造业集聚的结论一致。从整体来看，外资进入会不利于劳动密集型制造业集聚，而出口贸易会促进劳动密集型制造业集聚。这个结论与吴加伟等（2018）的发现截然相反，他们发现外资进入有利于制衣、制鞋、制帽行业的集聚，而出口不利于制衣、制鞋、制帽行业的集聚，加入全球贸易有利于制造业的去中心化。

2. 地方化、城市化与全球化对资本密集型制造业集聚的估计结果分析

从资本密集型制造业的回归结果来看，地方化、城市化与全球化变量的估计结果与另外两个模型有所差异。相比空间误差模型的结果，回归结果展示出空间滞后模型的估计结果更优。

（1）从地方化变量来看，市场规模会对制造业的集聚产生正向作用。这个结果与吴加伟等（2018）等发现市场规模有利于资本密集类制造业集聚的结论一致。这是因为资本密集制造业对资本的需要量较大，市场规模较大有利于获得必要的资本支持。从工资变量来看，劳动力工资水平的提升能显著提升资本密集型制造业的集聚水平，即单位职工工资每增加 1%，提升会使得资本密集型制造业的集聚水平提升 0.1153%。从土地价格变量的估计结果来看，单位土地价格每上升 1% 会导致资本密集型制造业集聚水平下降 0.0645%，并且系数非常显著。刘志强（2013）也发现了工资水平增加有利于资本密集型制造业集聚。从企业生产成本角度来看，长三角地区制造业的集聚可能主要关注的是土地价格影响，而劳动力的作用可能相对较小。尤其是长三角地区工资相对较高的地区往往劳动力素质也较高，有利于制造业企业效益增长，而高昂的土地租金已经严重影响到了资本密集型制造业集聚。

从省级以上开发区变量的估计结果来看，模型发现开发区的数量会促进资本密集型制造业集聚，即单位开发区数量每增加 1%，会导致其系数提升0.0055%。开发区作为制造业主要集聚中心，有利于资本密集型制造业获取资金支持和税收政策优惠，进而促进资本密集型制造业集聚。长三角地区有许多资本密集型类行业产业开发区，如浙江镇海经济开发区主要以通用设备、精细化工为主，江苏武进经济开发区主要以机械装备、电气机械器材、冶炼产业为主。而交通条件的改善在两个模型中均表现出负向的作用，但是并未通过显著性检验。这是因为交通运输发展水平的提升，会促进资本密集型制造业在整个地区获得资金支持，进而推动了资本密集型制造业的分散。

（2）从城市化的三个变量结果来看，以城市规模、城镇化率以及外来人口三个变量组成的城市化影响会显著促进资本密集型制造业集聚。具体看来，空间滞后模型发现城市规模增加会显著提升资本密集型制造业集聚水平，即城市规模每增加1%，会导致资本密集型制造业集聚指数上升0.2304%。而空间误差模型也发现城市规模增加会促进资本密集型制造业集聚，但是并未通过显著性检验。这与刘志强（2013）发现城市人口规模增长有利于以机械设备制造业为主的资本密集型制造业集聚的结论较为一致。城市规模的扩张，为资本密集型制造业的发展提供了充足的劳动力选择，而且提供了广阔的市场，有利于资本密集型制造业集聚。从反映城市化变量的第二个变量即城市化率来看，发现城市化水平每增长1个百分点，会导致资本密集型制造业的集聚水平上升0.35%。这个结论与吴加伟等（2018）的发现具有一致性。城镇化率较高的地方往往经济实力较强且进入城市化的高级阶段，为资本密集型制造业提供必要的资金、技术以及服务业支持，因此促进了资本密集型制造业集聚。最后，从外来人口迁入变量来看，该变量系数也显著为正，并且外来人口每增加1%，会提升资本密集型制造业的集聚水平值为0.2044%。这是因为外来人口的进入，可以为资本密集型制造业的发展提供多样化劳动力选择。同时，外来人口进入较多的城市往往经济发展速度较快且势头良好，这就为资本密集型制造业的发展提供了广阔的市场、充足的劳动力以及资金支持。

（3）从反映全球化的变量来看，外资资产比重和出口交货值占比变量并未通过显著性检验，但是外资资产比重变量的结果在两个模型中均较为稳定，表现出负向作用，而出口变量表现的较不稳定。

3. 地方化、城市化与全球化对技术密集型制造业集聚的估计结果分析

从技术密集型制造业的模型估计结果来看，两个模型关于地方化、城市化与全球化的估计结果基本一致，但是空间误差模型的估计结果更优。

（1）从地方化要素来看，虽然市场规模变量没有通过空间误差模型检验，但是 SAR 模型的估计结果发现市场规模每增加 1%，会导致技术密集型制造业水平下降 0.1844%。与吴加伟等（2018）的结论一致，他们发现市场规模的扩大不利于信息通信制造业的集聚。这是由于市场规模越大，会提升技术密集型制造行业整体竞争环境与市场饱和度，使得技术密集型制造业集聚的成本上升，进而不利于该行业集聚水平的提升。

从工资变量来看，两个模型均发现工资提升有利于技术密集型制造业集聚水平的提升，空间误差模型发现单位职工工资每增长 1%，会导致技术密集型制造业集聚水平上升 0.5473%。这可能是因为工资水平越高的地区通常是劳动力资源丰富的地区，会吸引技术密集型制造业的集聚（刘汉初等，2020）。吴加伟等（2018）发现工资水平提升有利于化学原料与化学制品制造业的集聚，而不利于交通运输设备制造业以及通信设备制造业集聚水平的提升。这个结论与本章的发现有所差异。笔者认为技术密集型制造业对技术性工人的依赖性更强，且更加关注工人的技术创新，因此技术密集型制造行业工资水平的提升有利于其集聚水平的提升。佛罗里达州（Florida，1994）曾发现日资在美的汽车行业倾向于集聚在工资水平较高的区域，这和本章的估计结果一致。从土地变量的估计结果来看，模型发现土地价格的上升会导致技术密集型制造业集聚水平的下降，即单位土地价格的上涨 1%，会导致技术密集型制造业的集聚水平下降 0.1510%。这仍然是由于长三角地区土地资源十分有限，且服务业的快速发展挤压了制造业整体的发展空间，进而不利于技术密集型制造业集聚。开发区和交通这两个变量在两个模型中均未通过显著水平检验。

（2）从城市化的变量来看，反映城市化作用的三个变量都显示出城市化进程的快速推进会促进技术密集型制造业集聚。其中，城市人口规模每增加 1%，导致技术密集型制造业集聚水平提升 0.5690%。这与吴加伟等（2018）的发现人口规模的增加有利于交通运输设备制造业集聚的结果一致。城市人口规模的增加使得技术密集型制造业可以快速获得专业化的市场信息，同时人口规模增长较快的城市往往经济发展水平较高且速度较快，为技术密集型制造业提供了良好的发展环境（Malmberg et al.，2000）。城市化水平变量的结果也显著为正，城市化率每增长 1 个百分点，会导致技术密集型制造业集聚水平上升0.53%。由于城市化水平较高的地区往往意味着可以获得更多的外部经济和友好的投资环境，导致技术密集型制造业更加倾向于集聚在城市化发展水平较高的地区（Wu et al.，2018）。外来人口迁入量每增加1%，会导致技术密集型制造业集聚指数上升0.1631%。这仍是因为外来人口为制造业发展提供较大的劳动力蓄水池，可以为技术密集型制造业的发展提供稳定的员工。

（3）从全球化因素来看，两个变量反映出全球化会对技术密集型制造业产生两方面影响。首先，外资资产比重每增加1个百分点，会导致技术密集型制造业集聚指数下降0.78%。这可能是因为各个地方对技术密集型外资企业的青睐，地方之间对这些制造业的区域竞争，同时随着区位优势对制造业集聚吸引力作用的下降，导致技术密集型制造业区域分散（曹宗平和朱勤丰，2017）。出口交货值占比每增加1个百分点，会促进技术密集型制造业集聚指数上升0.59%，这表明外需的增加对技术密集型制造业的集聚仍然产生促进作用。在全球贸易中，技术密集型制造业出口的增加会强化该行业的竞争优势和专业化水平，进而实现行业自身的自我强化，进而促进了技术密集型制造业集聚水平的不断提升。刘志强（2013）也发现了外资企业与出口贸易有利于中国县域技术密集型制造业的集聚。

第三节　本章小结

本章基于前文的地方化、城市化与全球化的分析框架，利用空间面板滞后模型和空间误差模型的固定效应模型对这三个要素进行了实证分析，并对细分三类行业的集聚影响也作了模型检验，具体的发现可以总结如下：

第一，地方化变量对县域制造业集聚有显著影响，其中土地价格对制造业集聚的影响为负，而劳动力价格和产业开发区两个变量表现出较为显著的正向作用。从这个结果而言，地方比较优势可能对因具体变量的差异而对制造业集聚产生不同的影响。这样的结果可能与已有的研究成果存在一些差异（李燕和贺灿飞，2013；Wu et al.，2018），本书认为这与产业发展的阶段有关。具体而言，土地要素和产业开发区作为比较优势和优势重建的组成变量，为产业集聚提供了良好条件，可以促进制造业集聚。长三角地区工资的提升并未推动产业的分散化，这是因为企业仍然主要集聚于大城市，因为获得的城市化经济可以弥补劳动力价格上涨带来的用工成本的上升。

第二，两个模型均发现城市化具有显著的正向作用，即城市规模、城镇化水平以及外来人口迁入三个变量都显著促进长三角地区制造业集聚。这就从城市规模扩张和阶段调整两个层面均证实城市化效应的作用是正向的。城市规模的增长导致获得规模报酬递增，提供企业信息交流、技术共享以及基础设施共享，通过各种"邻近性"获得企业或产业发展的要素（Na，2014；Vogiatzoglou and Tsekeris，2013）。从阶段调整的角度而言，城市化水平的提升仍然促进了制造业集聚。已有研究中，吴加伟等（2018）对长三角制造业集聚的研究以及陈炎飞（2018）对江苏省制造业集聚的研究中均发现城市化水平的提升有利于制造业集聚。城市化水平的提升，会造成城市经济结构的调整。不同地区会因专业化的差异或产业发展趋势的需要，选择不同的行业作为主导门类，并未其发展创造有利的环境，结果便会推进制造业集聚水平的提升。虽然整个地区城市化的推进会提升制造业的生产成本与要素成本，但是鉴于地区产业基础与产业链关系，制造业企业仍然会主要集聚在此，因为别的地区很难提供完善的产业链、产业劳动力以及相关的产业发展环境与市场。

第三，全球化变量的模型结果证实了全球化对制造业的集聚是一把双刃剑，即外资进入会促使制造业集聚水平的下降，而主动参与全球贸易则会有利于制造业的集聚。这是因为外资在长三角地区的区位选择已经进入了扩散阶段，同时加上不同地区对外资的竞争吸引，其结果便导致制造业集聚水平的下降。而出口则有利于企业强化比较优势，提升规模经济并降低生产成本，进而促进整个行业的专业化优势。同时，主动参与全球市场，可以促进企业之间信息共享，强化产业联系并降低风险。因此，参与国际市场有利于制造业集聚。这样的结论在潘峰华等（2011）和陈炎飞（2018）的相关研究中均得到了证实。一些不同的结论是，吴加伟等（2018）发现外资有利于长三角地区制造业集聚，而贺灿飞等（2007）则发现出口不利于制造业集聚，而出口和外资的交互项有利于制造业的集聚。

第四，地方化、城市化与全球化要素对三个分类型行业的估计结果与整个行业的估计结果存在较高的一致性。其中，地方化变量中的土地价格均表现出较为显著的负向作用，这就说明土地成本的上升均会提升产业集聚的成本，从而不利于制造业集聚。而工资变量则对三个行业均表现出显著的正向作用，这就表明三个类型行业均不会因为工资的上升而放弃集聚。这可能说明生产成本虽然对制造业集聚的影响很大，但是制造业企业仍然倾向于集聚在生产成本较高的地区，因为这里的区位很重要，同时拥有完善的产业链、充足的劳动力和广阔的市场。刘志强（2013）和吴加伟等（2018）等均发现工资上升会促进三个类型制造业集聚。城市化变量中城市规模和城市化率的提升均对三个类型的制造业集聚有显著的推动作用。刘汉初等（2020）也发现城镇化水平的提升可以促进资本密集型和技术密集型制造业集聚，但是对劳动密集型制造业集聚有负向作用。然而，外来人口主要对资本密集型制造业集聚具有显著的正向作用。这就说明城市化经济的存在，会强化制造业集聚。从全球化的作用来看，外资资本的进入对劳动密集型和技术密集型行业的集聚均具有显著的负向作用，而对资本密集型制造业集聚的作用不稳定。参与全球贸易对劳动和资本密集型制造业集聚有显著的正向作用，这得益于出口可以强化这两个行业的规模经济，实现产业集聚的自我强化来推动产业的地区集聚。

第七章

地方化、城市化与全球化对典型行业专业化集聚影响分析

前述两章主要讨论了地方化、城市化与全球化对长三角地区制造业专业化与集聚的影响，本章主要从案例产业的角度来深入分析地方化、城市化与全球化效应对主导产业专业化集聚的影响以及作用强度。

在进行主导产业的案例行业分析时，应首先明确主导产业的具体类型是非常必要的。因此，为了发现长三角地区的主导制造业 2 位数行业代码门类，作了如下的计算。首先，利用各省市统计年鉴数据，计算 2017 年长三角两省一市总产值和从业人数居于前十位的 2 位数行业代码的制造业行业，结果发现有八个 2 位数行业的产值规模和就业规模均居于前十位，其行业类型具体为：纺织业（SIC-17）、化学原料和化学制品制造业（SIC-26）、金属制品业（SIC-33）、通用设备制造业（SIC-34）、专用设备制造业（SIC-35）、汽车制造业（SIC-36）、电器机械和器材制造业（SIC-38）以及计算机、通信和其他电子设备制造业（SIC-39），这些行业可以认定为是本地区的主导行业门类。其次，计算了 2013 年长三角两省一市产值规模和从业人数居于前十位的 2 位数制造业行业，结果也发现有八个 2 位数行业的产值规模和就业规模均居于前十位，且制造业的具体类型与 2017 年计算的结果完全一致。这就表明，随着时代的发展，这几个行业已经成为了本地区的主导产业。

因此，本章将上述的八个行业认定为长三角地区制造业门类中的主导行业。为了具体阐释地方化、城市化与全球化对具体产业专业化集聚的影响，本章并未将这八个 2 位数代码行业全部纳入分析，主要选择纺织业（SIC-17）、通用设备制造业（SIC-34）、汽车制造业（SIC-36）①、计算机、通信和其他

---

① 由于汽车制造业是在 2011 年的（GB/T 4754 – 2011）分类之后单独出来作为新的 2 位数行业，2011 年以前一直属于交通运输设备制造业的下属行业中，在省级尺度的数据不完整。因此，在分析该行业的时间变化特征中主要利用的是交通运输设备业作为代替变量进行分析，而空间特征和实证模型则利用汽车制造业企业的数据来进行分析。

电子设备制造业（SIC-39）这四个在长三角地区具有代表性的 2 位数代码行业，作为劳动密集型、资本密集型以及技术密集型三个类型制造业门类的案例行业展开本章的实证研究。本章选择这四个 2 位数代码行业，主要是鉴于这四个行业是长三角地区的传统优势行业，且已有的一些文献也主要将这几个行业作为案例行业来分析（孙桂英，2014；Wu et al.，2018）。同时，在《长江三角洲区域一体化发展规划纲要》中也提到围绕电子信息、汽车、纺织服装等产业强化区域优势产业协作，形成若干世界级制造业集群。因此，本章认为这四个行业具有典型性与代表性，并展开分析。

第一节 四个典型 2 位数制造业的时空特征分析

一、长三角地区典型制造业总体变化特征

1. 产值规模总体变化特征

由图 7 - 1 可以看出，2000～2016 年四个 2 位数制造业行业的产值规模均呈现出逐渐上升趋势。具体看来，其增长趋势可以分为三个阶段：2000～

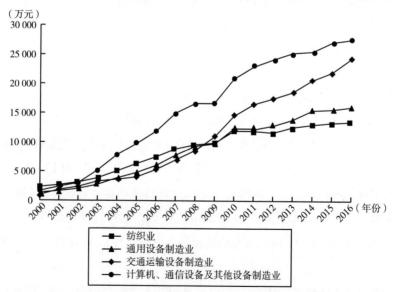

图 7 - 1 2000～2016 年四个典型 2 位数制造业产值规模变化

资料来源：长三角各省市统计年鉴。

2002 年为初步发展阶段，2002～2009 为快速增长阶段，而 2009 年之后则呈现出稳步增长趋势。从产值规模看，计算机、通信和其他电子设备制造业的产值规模从 2000 年的 1 658.16 亿元增长到 2016 年的 27 573.62 亿元，增长了约 16.6 倍。2000～2016 年交通运输设备制造业的产值规模由 985.5 亿元增至 24 368 亿元，增长了约 24.7 倍。2000～2016 年通用设备制造业的产值规模由 1 349.32 亿元增至 16 034.48 亿元，增长了约 12 倍。同期，纺织业的产值由 2 339.86 亿元增至 13 506.12 亿元，增长了约 6 倍。从增长的量来看，交通运输设备制造业的产值规模增量最大，计算机、通信和其他电子设备制造业的产值增量次之，通用设备制造业处于第三位，而纺织业的增量最小。更进一步，可以发现 2000 年纺织业的规模最大，但是到 2016 年的规模却变得最小，这可能揭示出长三角的制造业逐渐向技术和资本密集型转型，劳动密集型制造业的贡献在逐渐降低。

2. 就业规模总体变化特征

从图 7-2 的就业规模的变化趋势来看，2000～2017 年四个 2 位数制造业行业的从业人口大致呈现出先逐渐增长后下降的变化趋势。具体看来，计算机、通信及其他电子设备制造业的就业规模在 2012 年才开始出现逐渐下降趋

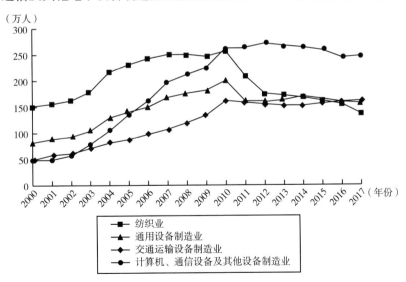

图 7-2　2000～2017 年四个典型 2 位数制造业就业规模变化

资料来源：长三角各省市统计年鉴。

势，而交通运输设备制造业、纺织业和通用设备制造业均在 2010 年之后便呈现出不断下降趋势。

具体看来，2000~2017 年纺织业的就业人数由 151 万人下降至 137 万人，整个变化曲线呈现出两个阶段变化特征。其中，2000~2010 年纺织业就业规模总体呈现出较快增长趋势，尤其是 2000~2004 年呈现出明显上升趋势，而 2004~2010 年则呈现出缓慢增长趋势。2010~2017 年呈现出明显下降趋势，尤其是 2010~2012 年呈现出非常快速的下滑趋势，而 2012 年以后则呈现出缓慢下降趋势。2000~2017 年通用设备制造业的就业人数由 82 万人增至 157 万人，其变化曲线大致呈现出非常显著的两阶段变化特征。其中 2000~2010 年该行业的就业规模呈现出不断上升趋势，到 2010 年达到了顶峰。而 2010 年以后则表现出波动中不断下降趋势，2012~2014 年呈现出一定上升，2014~2017 年则呈现出不断下降的特征。2000~2017 年交通运输设备制造业的就业规模从 48.7 万人增至 164.7 万人，其变化曲线大致呈现出三个不同阶段的变化特征，即 2000~2010 年呈现出快速增加趋势，而 2010~2014 年呈现出逐渐下降趋势，2014 年之后则又呈现出缓慢增加趋势。2000~2017 年计算机、通信设备及其他电子设备制造业的就业规模由 49 万人增至 247 万人，其变化曲线也呈现出先增加后下降的趋势。其中，2000~2012 年该行业的就业规模呈现出快速的增加趋势，尤其是 2000~2010 年的就业规模增长速度很快。2012 年之后，该行业的就业规模呈现出稳定的下降趋势。总体看来，四个 2 位数制造业行业的从业人口变化曲线揭示出 2010 年是一个重要的分界点，表现出明显的先增加后下降变化趋势。

二、长三角地区典型制造业分省市总体时间演变

1. 纺织业时间演变分析

从图 7-3 的纺织业产值规模演变来看，江苏、浙江、上海两省一市表现出较大的内部差异，即纺织业的增长主要得益于江苏和浙江两地的贡献，上海的贡献最低。更进一步，可以发现浙江和上海的纺织业增长趋于收敛趋势，而江苏则呈现出继续增长的趋势，这就表明江苏逐渐成为纺织业的发展重心，浙江和上海的纺织业可能向江苏转移。具体看来，2000~2016 年上海的纺织业规模较为稳定，呈现出较为稳定的变化趋势，但是从 2011 年以后呈现出逐

渐下降趋势，产值规模逐渐降到 200 亿元以下。2000 ~ 2016 年江苏纺织业的产值规模从 1 238 亿元增至 7 280 亿元，总体呈现出波动增长演变趋势，尤其是从 2000 ~ 2004 呈现出缓慢增长的态势，2004 ~ 2010 则呈现出快速增长趋势，2010 ~ 2011 出现略微下降，然后又呈现出稳步增长趋势。浙江的产值规模从 874 亿元增至 6 031 亿元，但是其增长曲线则呈现出另外一种状况，其表现为 2000 ~ 2011 年呈现出快速增长趋势，2011 ~ 2012 呈现出略微下降，2012 年后则呈现出缓慢增长到平稳变化趋势。

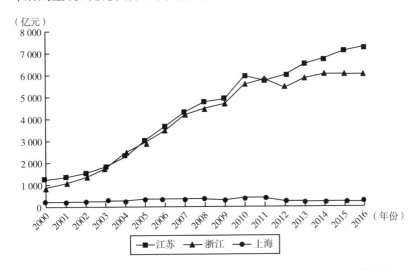

图 7 - 3 2000 ~ 2016 年江苏、浙江和上海两省一市纺织业产值规模变化

资料来源：长三角各省市统计年鉴。

从图 7 - 4 的就业人口变化曲线来看，2000 ~ 2017 年江苏、浙江和上海两省一市纺织业的从业人口呈现出一定的差异性变化特征，即江苏和浙江表现出相对一致的先增加后下降特征，而上海则呈现出波动下降趋势。具体看来，2000 ~ 2017 年上海纺织业就业人口由 15.9 万人下降至 2.4 万人，其变化曲线在不同时期表现出一定差异。其中，2000 ~ 2010 年呈现出波动下降趋势，2010 ~ 2012 年就业人口呈现出快速下降特征，2012 ~ 2017 年则呈现出缓慢下降趋势。2000 ~ 2017 年江苏纺织业的就业人数由 83.5 万人下降至 70.6 万人，变化曲线呈现出先上升后下降的趋势，其中，2000 ~ 2010 年呈现出逐渐增长趋势，而 2010 年以后则呈现出较快下降趋势。2000 ~ 2017 年浙江的纺织业就业人口由 151 万人下降至 136.5 万人，但是其变化曲线呈现出四个不同变化阶段，2000～2004 年为快速增长期，2004～2010 年为稳步增长期，2010～2012 年为快速下降期，2012～2017 年则为稳步下降期。

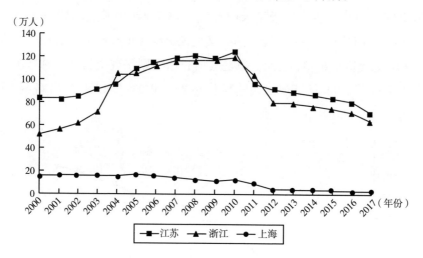

图 7 - 4　2000～2016 年江苏、浙江和上海两省一市纺织业就业规模变化

资料来源：长三角各省市统计年鉴。

2. 通用设备制造业时间演变

从图 7-5 通用设备制造业的产值规模来看，2000～2016 年江苏、浙江和上海两省一市均呈现出波动增长趋势，但是内部存在一定差异。江苏对整个地区通用设备制造业的增长贡献最大，浙江次之，上海的贡献最小。具体看来，2000～2016 年江苏通用设备制造业的产值规模由 694 亿元增至 9 204 亿元，其增长曲线呈现出两个发展阶段，其中 2000～2010 年呈现出缓慢增长趋势，而 2011～2016 年则呈现出快速增长的变化趋势。2000～2016 年浙江省通用设备制造业产值规模由 393 亿元增至 4 380 亿元，其变化趋势同样呈现出两个阶段，即 2000～2008 年呈现出缓慢增长趋势，而 2009～2016 年则呈现出波动增长趋势，且波动变化明显。最后，上海通用设备制造业的产值规模由 262 亿元增至 2 451 亿元，其变化曲线大致呈现出两个时期变化特征，其中 2000～2008 年呈现出较为缓慢增长的特征，2009～2016 年则主要呈现出波动下降变化特征。受金融危机影响，上海和浙江在 2008～2009 年通用设备制造业均呈现出下降的趋势，而对江苏的影响则主要出现在 2010～2011 年。

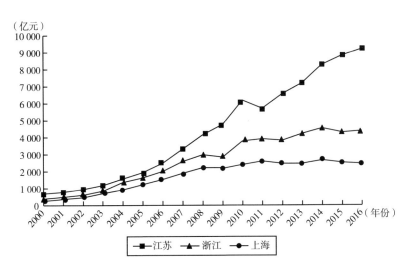

图7-5 2000~2016年江苏、浙江和上海两省一市通用设备制造业产值规模变化

资料来源：长三角各省市统计年鉴。

从图7-6来看，江苏、浙江和上海两省一市大致呈现出较为一致的变化趋势，即2000~2010年为稳步增长阶段，而2010~2017年为逐渐下降的发展阶段。具体看来，上海通用设备制造业的从业人口由10.8万人增至21.4万人，但是其变化曲线呈现出两个阶段的变化特征，即2000~2010年呈现出稳步增长的趋势，而2010年以后该行业的就业规模呈现出稳步下降的趋势。

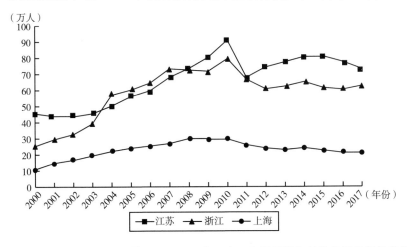

图7-6 2000~2017年江苏、浙江和上海两省一市通用设备制造业就业规模变化

资料来源：长三角各省市统计年鉴。

2000～2017 年江苏的通用设备制造业从业人口由 45.5 万人增至 73.25 万人，但是其变化趋势呈现出较大的波动特征，其中，2000～2003 年为缓慢发展，2003～2010 年则表现出快速增长，到 2011 年快速下降，2011～2015 年仍呈现出不断增长的趋势，之后呈现出快速下降趋势。2000～2017 年浙江的通用设备制造业的就业人口则呈现非常显著的波动特征，2000～2010 年呈现出波动增长趋势，2010～2012 年下降明显，2012～2017 年曾呈现出波动下降趋势。

3. 交通运输设备制造业时间演变

从图 7-7 来看，江苏、浙江和上海两省一市交通运输设备制造业的产值规模均呈现出稳步增长的变化趋势，但是地区内部存在一定差异。江苏成为推动本地区产值规模增长的主要贡献者，上海和浙江的贡献次之。具体看来，上海交通运输设备制造业的产值规模由 152 亿元增至 6 605 亿元，整体呈现出波动增长的变化趋势，其在 2001～2004 年的产值规模居于长三角的首要地位，2005 年被江苏反超，之后虽然其规模呈现出波动增加的趋势，但是与江苏之间差距越来越大，但是与浙江的差距在变小。2000～2016 年江苏交通运输设备制造业的产值规模由 509 亿元增至 11 710 亿元，其变化曲线呈现出两个阶段的变化特征，即 2000～2007 年呈现出缓慢增加的演变趋势，而 2008

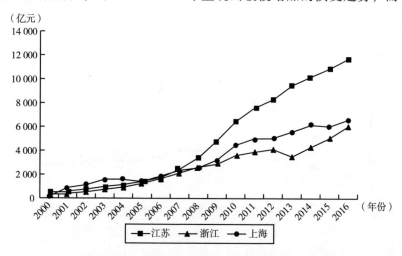

图 7-7　2000～2017 年江苏、浙江和上海两省一市交通运输设备制造业产值规模变化

资料来源：长三角各省市统计年鉴。

年以后则呈现出了迅猛增长的变化趋势。从浙江省的变化特征来看，其交通运输设备制造业的产值规模由 324 亿元增至 6 052 亿元，总体呈现出两个阶段的变化特征，即 2000～2012 年主要表现出缓慢增加的变化趋势，而 2013～2016 年则呈现出了快速增长趋势。

从图 7-8 可以看出，江苏、浙江和上海两省一市交通运输设备制造业的从业人口均呈现出波动变化的趋势，尤其江苏和浙江两省的就业规模曲线波动幅度较为剧烈，而上海则较为平缓。具体看来，2000～2017 年上海交通运输设备制造业就业人口由 10.2 万元增至 30.28 万人，其变化曲线呈现出以 2010 年为分水岭，2010 年以前主要呈现出缓慢增加趋势，而 2010 年以后则主要表现出较为稳定的变化趋势。同时，江苏交通运输设备制造业的就业人口变化曲线与上海存在一定的相似性特征，在 2010 年之后就业人口总量增量有限，呈现稳定变化的趋势。但是，2004～2010 年其就业人口呈现出了非常迅猛的增长趋势，尤其是 2008～2010 年呈现出直线上升趋势。浙江的就业规模曲线呈现出了较为剧烈的波动特征，大概呈现出三个阶段的变化特征，2000～2010 年呈现出了快速增加趋势，而 2010～2013 年曾表现出了快速下降趋势，2013 年以后又呈现出了缓慢增加趋势。

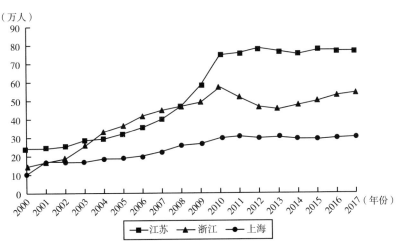

图 7-8　2000～2017 年江苏、浙江和上海两省一市
交通运输设备制造业就业规模变化

资料来源：长三角各省市统计年鉴。

4. 计算机、通信和其他电子设备制造业时间演变

从图7-9来看，2000~2016年江苏和浙江两省的计算机、通信和其他电子设备制造业的产值规模均呈现出不断增长趋势，而上海则表现先增后降的趋势。就整个产值规模而言，江苏的产值规模对地区的贡献最大，上海次之，而浙江的贡献最低。具体看来，2000~2016年江苏的产值规模总体呈现出不断增长的变化趋势，其产值规模由946亿元增至19 200亿元。其变化趋势大概可以呈现出三个阶段，2000~2002年主要呈现出初步增长的特征，2000~2013年则呈现出快速增长的变化趋势，而2013年以后则表现为平缓增长的趋势。2000~2016年浙江的产值规模从285亿元增至3 292亿元，其变化曲线呈现出逐渐增长的趋势。其中，2000~2009年呈现出缓慢增长的趋势，而2010~2016年呈现较为快速的增加趋势，增速明显较快。2000~2016年上海的产值规模由427亿元增至5 082亿元，其增长趋势呈现出两个较为明显的发展阶段。其中，2000~2008年呈现出快速增长趋势，而2010~2016年曾呈现出逐渐下降趋势。

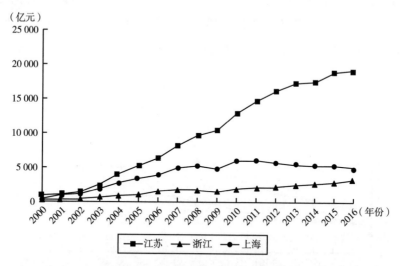

图7-9　2000~2016年江苏、浙江和上海两省一市计算机、通信及其他设备制造业产值规模变化

资料来源：长三角各省市统计年鉴。

从图7-10可以看出，计算机、通信及其他设备制造业的就业人口主要以江苏为主，而上海和浙江的就业人口则明显较少。从其变化趋势来看，上

海和浙江的就业人口主要呈现出波动变化的特征，而江苏则明显与之不同。具体看来，2000～2017 年上海计算机、通信及其他设备制造业的就业人数由 14.9 万人增至 35.4 万人，其变化曲线大致呈现出两个阶段的变化特征：2012 年之前就业人口呈现出波动增长趋势；2013 年之后就业人口呈现出较为显著的下降趋势。2000～2017 年浙江计算机、通信及其他设备制造业的就业人数由 10.9 万人增至 40.5 万人，其变化曲线大致呈现两个阶段的变化趋势，即 2000～2007 年呈现出快速增长的趋势，而 2008 年以后曾呈现出波动中上升的趋势，但是增长速度较慢。2000～2017 年江苏计算机、通信及其他设备制造业的就业人数由 22.8 万人增至 171.5 万人，但是其变化曲线呈现出明显的两个阶段变化特征。其中，2000～2012 年该行业的就业人口呈现出快速的增长趋势，而 2013 年之后则呈现出明显的下降趋势。

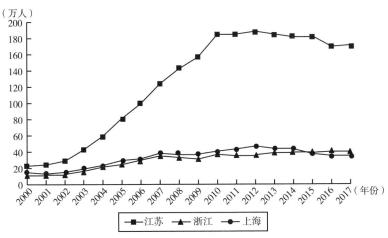

图 7-10　2000～2017 年江苏、浙江和上海两省一市计算机、通信及其他设备制造业就业规模变化

资料来源：长三角各省市统计年鉴。

第二节　地方化、城市化与全球化对主导产业专业化集聚的模型估计

一、模型的构建

以 2000～2013 年的县域专业化集聚指数为基础，构建了面板数据固定

效应模型进行估计，检验地方化、城市化与全球化效应对主导产业专业化集聚的影响。由于空间自相关检验的莫兰指数值相对较低，因此使用一般面板固定效应模型进行检验。因变量为长三角城市群县域四个典型代表行业的专业化集聚指数的对数，自变量也取各个变量的对数。该模型的公式如下：

$$\mathrm{Ln}SCI_{it} = \beta_1 \mathrm{Ln}X_{it} + \beta_2 \mathrm{Ln}Z_{it} + \alpha_i + \mu_{it} \tag{7-1}$$

其中，i 为研究单元，t 表示时间。X_{it} 表示核心解释变量；Z_{it} 为控制变量；α_i 表示未知的截距；μ_{it} 表示误差项；β 表示估计系数。

二、指标说明和基本属性

参考第五章和第六章的变量依据，进行变量的选择。需要指出的是，在地方化变量中，由于产业开发区的类型不同，因此选择主要选择县域有纺织业、通用设备制造业、汽车制造业或计算机、通信设备及其他电子设备制造业为主导产业类型的开发区的数量（X_5），来更好地反映专业化的开发区对四个 2 位数制造业行业专业化集聚的作用。在全球化变量中，并未选择 FDI 值反映外资进入的影响。之所以没有选择 FDI 的原因是该变量主要反映地区受全球外资作用的总体影响，如果将该变量直接纳入可能会导致估计结果的差异，因为不同类型的制造业受外资的影响可能存在一定的差异。其余变量，均与第五章中的变量相同。

在控制变量方面，主要选择四个变量。其中，GDP（X_{12}）是用来控制研究单位经济规模的影响，固定资产总额投资（X_{13}）决定了县域的大小和县域经济发展的阶段（Traistaru et al.，2002；Bos et al.，2019）。选择地区制造业的从业人口密度（X_{14}）和县域企业平均规模（X_{15}）来制造业的规模效益和集聚效应（Ezcurra et al.，2006；Falcioğlu and Akgüngör，2008）。

面板数据主要以 2000 年、2004 年、2008 年以及 2013 年的工业企业数据为基础，进行面板数据模型的构建。表 7-1 展示了本章模型中用到的主要变量和基本属性。

表7-1　　　　　　　　　　　模型中变量的属性特征描述

	变量名称	定义	最大值	最小值	均值
被解释变量	Ln SCI	专业化集聚指数	5.28	-20.72	-3.34
地方化	Ln(Market size)	消费品零售总额（10亿元）	7.32	0.41	3.96
	Ln(wage)	在岗职工平均工资（元）	11.28	8.65	10.09
	Ln(Land price)	招标、拍卖或挂牌出售的土地平均价格（万元/公顷）	9.07	4.32	6.70
	Ln(SEDZ)	省级以上工业园区数量	0.69	-20.72	-18.07
	Ln(Transport)	交通运输、仓储以及邮政业从业人数	12.01	4.62	8.12
城市化	Ln(Size)	户籍总人口（万人）	5.64	2.06	4.00
	Ln(Urbanization rate)	非农人口总数/人口总数（%）	4.61	1.46	3.54
	Ln(Migration)	外来人口迁入数量（人）	3.30	-2.30	2.08
全球化	Ln(Forcapital)	外资企业资产/总资产（%）	4.64	-20.472	-5.19
	Ln(Exports proportion)	出口交货值/销售总产值（%）	4.61	-20.72	-1.60
	Word city	虚拟变量，是世界城市为1；否则为0	—	—	—
控制变量	Ln(GDP)	地区生产总值（亿元）	8.78	1.80	4.91
	Ln(Investment)	固定资产投资（亿元）	13.43	0.54	4.12
	Ln(MED)	制造业从业人口数量/县域行政区划面积（人/km^2）	8.75	-1.22	4.49
	Ln(MS)	县域制造业从业人数/企业数量	6.94	3.79	5.38

注：由于篇幅空间有限，上表中的因变量，开发区数量、外资和出口的变量均以纺织业数据为例进行展示，另外三个行业的变量并未在表中展示。

第三节　模型估计结果

利用面板数据的固定效应模型估计地方化、城市化与全球化要素对纺织业、通用设备制造业、汽车制造业以及计算机、通信和其他电子设备制造业四个2位数制造业行业的县域专业化集聚指数的作用大小和方向。考虑到整个模型结果的稳健性，将主要的变量均取了对数形式。表7-2展示了模型的具体估计结果，结果显示多数变量在统计意义上通过了显著性水平检验且符号较为一致，但是仍然有一些变量对不同制造业门类的影响存在一些差异。

表 7 - 2　　　　　　　　　基于固定效应模型的四个行业估计结果

变量名称	SIC-17	SIC-34	SIC-36	SIC-39
Ln(Market size)	0.3600 (0.5295)	0.2531 (0.5469)	1.4197 * (0.7785)	-0.5706 (0.7303)
Ln(wage)	-1.3363 * (0.7347)	0.7683 (0.7587)	0.8709 (1.0658)	3.4804 *** (1.0089)
Ln(Land price)	-0.6596 *** (0.2306)	-0.5718 ** (0.2378)	-0.7986 ** (0.3364)	-1.1482 *** (0.3179)
Ln(SEDZ)	-0.0111 (0.0355)	0.0106 (0.0293)	0.0414 (0.0528)	-0.0150 (0.0406)
Ln(Transport)	-0.5015 ** (0.2040)	0.0130 (0.2119)	0.1253 0.2980	-0.8959 *** (0.2811)
Ln(Size)	-3.9299 *** (1.2620)	-0.2287 (1.2979)	2.9249 * 1.8371	2.2395 (1.7305)
Ln(Urbanization rate)	-1.2366 * (0.6483)	-1.0930 * (0.6770)	-0.2916 0.9478	0.5108 (0.9054)
Ln(Migration)	-0.2055 (0.5027)	-0.7820 (0.5242)	-1.0432 0.7405	-2.3648 *** (0.6954)
Ln(Forcapital)	0.0370 * (0.0215)	-0.0117 (0.0221)	0.5896 * 0.2998	0.1415 *** (0.0294)
Ln(Exportsproportion)	0.1379 *** (0.0222)	0.0939 *** (0.0210)	0.1846 *** 0.0277	0.1930 *** (0.0279)
Global city	0.5116 (0.7954)	0.1642 (0.8212)	-0.4371 1.1601	0.7601 (1.0942)
Ln(GDP)	0.2571 (0.4555)	-0.2506 (0.4693)	-2.1938 *** 0.6617	0.6838 (0.6259)
Ln(Investment)	-0.3028 (0.2365)	-0.0518 (0.2453)	0.1113 0.3455	-0.6751 ** (0.3266)
Ln(MED)	4.5975 *** (0.3584)	2.8742 *** (0.3630)	2.9331 *** 0.5250	3.7588 *** (0.4968)
Ln(MS)	-2.6545 *** (0.4079)	-1.1879 ** (0.4216)	-0.5031 0.6114	-1.7779 ** (0.5692)
常数	33.3476 *** (8.4317)	1.5304 (8.9054)	-11.4054 12.4574	-13.5677 (11.7829)

变量名称	SIC-17	SIC-34	SIC-36	SIC-39
N	828	828	828	828
r2	0.3951	0.2127	0.4249	0.4072
F test	4.75***	3.39***	3.05***	2.09***
rho	0.7714	0.5277	0.5489	0.4382

注：SIC-17 表示纺织业、SIC-34 表示通用设备制造业、SIC-36 表示汽车制造业、SIC-39 表示计算机、通信设备以及其他电子设备制造业；括号内为标准误差；***、**、*分别表示在 1%、5% 和 10% 水平上显著。

一、地方化、城市化与全球化对纺织业专业化集聚的计量分析

纺织业的估计结果来看（见表 7 - 2，模型 SIC-17），反映地方化效应、城市化效应与全球化效应的多个变量均呈现出对纺织业专业化集聚会产生显著作用。具体有以下几个方面。

（1）从地方化变量来看，工资变量、土地价格以及交通变量均表现出显著的负向影响，并且在 1% 的显著性水平之内。从劳动力工资变量和土地价格变量来看，都说明县域在这两个要素上如果具有比较优势，都会促进纺织业的专业化集聚。就估计系数的结果来看，在岗职工平均工资每增长 1%，会导致纺织业专业化集聚指数下降 1.3363%，且这个系数在整个地方化变量中的值最大，表明纺织业对职工工资非常敏感且受其影响最大。单位面积的土地价格每增长 1%，结果会导致纺织业专业化集聚指数下降 0.6596%，对纺织业的影响次之。转型期以来，由于生产成本的上升，沿海地区的劳动密集型制造业逐渐向内陆地区转移。纺织业作为长三角典型的劳动密集型制造业，受土地和用工成本的影响很大，导致纺织业向在土地和工资成本具有优势的地区转移，因此降低了专业化集聚指数。交通运输从业人数每增长 1%，会导致纺织业专业化集聚指数下降 0.5015%。其原因是，随着整个地区城市网络的多中心发展，地区之间的联系越来越紧密，导致交通成本对纺织业集聚的影响越来越低，导致了纺织业分散发展，这也印证了克鲁格曼（1993）提出的运输成本下降到一定程度时反而会不利于产业集聚的结论，即当交通成本很低时，企业不愿意在核心地区付出更多的工资，产业便会因边缘地区的成本优势而推动产业的分散（Traistaru et al.，2002）。

（2）从城市化的变量来看，城市化的三个变量均表现出显著负向影响，这就表明城市化的推进不利于纺织业专业化集聚。其中，城市规模每增加1%，会导致纺织专业化集聚指数下降3.9249%。而城镇化率每增加1%，会导致纺织业专业化集聚指数下降1.2366%。这两个变量在整个模型中的系数都比较大，这就表明城市化的推进会对纺织业专业化集聚产生很强的负向作用。近年来，随着长三角地区城市化的快速推进，许多城市都在调整自身的产业结构，实行"退二进三"的策略。由于城市化不经济的影响，很多纺织业企业在原先的城市中难以为继，进而逐渐退出了城市化水平较高的地区，向其他地区转移。笔者在杭州的实地调研中，地方工作人员便提到杭州对纺织业正在进行调整，而从当地的服装公司的调研中也发现了纺织业在大城市中成本较高，企业生存困难。这都表明城市化的推进会促进低技术制造业的转移或退出中心城市。

（3）从全球化的变量结果来看，外资进入与出口贸易均会提升纺织业的专业化集聚水平。其中，外资资本比重每增长1%，结果会导致纺织业的专业化集聚指数上升0.037%；同时，出口交易占比每增长1%，结果会导致纺织业的专业化集聚指数上升0.1379%。就回归系数而言，外资进入对纺织业专业化集聚的作用有限，而参与全球贸易更能促进纺织业的专业化集聚。出口贸易可以在参与全球化贸易的过程中通过自身的规模经济获得行业发展的自我强化，进而提高专业化集聚水平（Kopczewska et al.，2017）。而外资的进入，会为纺织业的发展提供一定的资金、技术支持和知识溢出，纺织业作为长三角地区的传统优势行业，由于外资的介入会在一定程度上强化这种优势产业的集聚。

二、地方化、城市化与全球化对通用设备制造业专业化集聚的计量分析

从模型对通用设备制造业的估计结果来看（见表7-2，模型SIC-34），虽然多数变量并未通过显著性检验，但是变量的符号基本符合预期，而且反映地方化、城市化和全球化的一些重要变量仍然表现出了显著的作用。具体变量的结果如下：

（1）反映地方化影响的土地价格变量表现出显著的负向作用，并且单位

面积的土地价格每增长1%，结果会导致通用设备制造业的专业化集聚指数下降0.5718%。通用设备制造业通常属于占地面积较大的制造业门类，对土地价格的上涨十分敏感。因此，土地价格的优势会促进该行业专业化集聚指数的提升。

（2）从反映城市化作用的变量来看，三个变量均证明了城市化效应会对通用设备制造业的专业化集聚产生不利影响。其中，城镇化率每提升1%，会导致通用设备制造业的专业化集聚指数下降1.0930%，而另外两个变量则没有通过显著性水平检验。长三角地区的城市化明显要高于全国其他地区，随着城市化的快速推进，越来越多的人口向长三角地区转移，结果导致整个地区制造业经历了飞速发展的阶段，但是，由于经济发展速度很快，导致长三角地区的城市化进程逐渐进入了成熟阶段，城市经济结构向服务业和高精尖制造业发展。通用设备制造业作为重型工业的典型代表，结果便会因在大城市中高昂的生产成本而趋于向中小城市转移。

（3）从全球化效应的变量来看，外资企业进入表现出负向影响但未通过检验，而出口变量和世界城市变量的系数则表现出显著的正向作用。从估计系数来看，出口交易占比每增长1%，会导致通用设备制造业的专业化集聚指数上升0.0939%。这同样是因为参与国际贸易可以促进资本密集型制造业规模经济的增长和专业化优势的提升，进而促进该行业的专业化集聚。

三、地方化、城市化与全球化对汽车制造业专业化集聚的计量分析

从模型对汽车制造业专业化集聚的回归结果来看（见表7-2，模型SIC-36），反映地方化效应、城市化效应与全球化效应的多个变量表现出较为显著的影响。具体而言：

（1）从反映地方化影响的变量来看，反映本地市场规模的变量和土地价格变量会对汽车制造业行业的专业化集聚产生显著的影响。其中，本地市场规模增大会对汽车制造业专业化集聚产生显著正向作用，即地方社会消费品零售总额每增加1%，结果会导致汽车制造业专业化集聚指数上升1.4197%。这是因为我国的汽车行业主要以国内市场为主，汽车产品对本地市场具有较强的依赖性。本地市场规模较大的地区可以为汽车制造业的发展提供较大的

市场消化力，因此促进了汽车制造业的专业化集聚（马超，2015）。土地价格的上涨会导致汽车制造业专业化集聚水平下降，即单位面积土地价格上涨1%，结果会导致汽车制造业专业化集聚指数下降0.7986%。土地价格成本较高会显著提升生产成本，导致企业进入门槛也较高（巫细波，2019）。这仍然是因为长三角地区土地价格昂贵，汽车制造业又属于占地面积较多的行业，对土地价格的上涨也十分敏感，结果便因土地价格上涨导致该行业专业化集聚水平的下降。

（2）反映城市化的变量中，反映城市化发展阶段和外来人口作用的变量均没有通过显著性检验，而反映城市规模的变量表现出显著的正向作用，即城市人口规模每增加1%，结果会导致汽车制造业专业化集聚指数上升2.9279%。这是因为城市规模的扩张，可以为汽车制造业的发展提供较为充足的专业化技术劳动力和多样化支撑产业的发展，同时汽车行业更加倾向于向消费需求旺盛的地区集聚（吴铮争，2008）。

（3）反映全球化效应的三个变量中，除世界城市变量没有通过显著性检验外，其余两个变量都表现出显著的正向作用。其中，反映外资进入的变量外资资产比例每增加1%，结果会导致汽车制造业专业化集聚指数上升0.5896%。已有研究中，吴铮争（2008）与王继东和杨蕙馨（2016）等一些学者均发现外资企业进入有利于汽车制造业的专业化集聚。这是因为汽车制造业对国外技术的依赖性较强，而长三角地区汽车制造业的发展则主要得益于外资汽车企业的进入，通过外资企业的带动促进了长三角地区汽车产业的集聚。而出口变量也表现出正向的促进作用，即对外出口交易占比每增加1%，会导致汽车制造业专业化集聚指数上升0.1846%。这是因为随着出口规模的增加，会提升该行业的市场竞争力并通过规模经济实现本行业的自我强化，进而实现汽车产业专业化集聚水平的提升。

四、地方化、城市化与全球化对计算机类制造业专业化集聚的计量分析

从计算机、通信及其他电子设备制造业的回归结果来看（见表7-2，模型SIC-39），地方化、城市化与全球化效应的变量都显著影响了该行业的专业化集聚。

（1）从地方化变量的估计结果来看，工资变量、土地价格变量和交通从业人数变量都呈现出会显著影响到计算机、通信及其他电子设备制造业的专业化集聚指数。其中，土地变量和交通变量的结果显著为负，而工资变量的结果显著为正。具体而言，县域职工平均工资水平每增长1%，会导致计算机、通信及其他电子设备制造业的专业化集聚指数上升3.4804%。这是因为计算机、通信及其他电子设备制造业对职工的技术水平要求比较高，而且该行业更加倾向于集聚在劳动力素质较高的地区。这是因为劳动力素质较高的地区，往往会为该行业的发展提供产业发展所需要的高技能劳动力，并且可以获得技术劳动力相关的技术溢出。而劳动力工资与劳动力素质存在显著的正向相关性，也就是说劳动力素质较高的地区，往往其职工平均工资也比较高。因此，劳动力工资上涨会提升计算机、通信及其他电子设备制造业的专业化集聚水平。单位面积土地价格上涨1%，会导致计算机、通信及其他电子设备制造业专业化集聚指数下降1.1482%。高技术制造业同样对土地价格十分敏感，同时由于长三角地区工业用地有限，导致土地出让价格很高且随着服务业的快速发展更是提升了地区土地的价格，导致高技术制造业对土地价格敏感性也增强。高昂的土地成本，导致高技术行业专业化集聚水平下降。最后，交通运输从业人员每增长1%，会导致计算机、通信及其他电子设备制造业的专业化集聚指数下降0.8959%。这也表明由于长三角地区交通运输网络的不断完善，导致高技术制造业也趋向于向整个地区扩散，从而降低了其专业化集聚水平。

（2）从城市化效应的估计结果来看，反映城市规模和城市化发展阶段的两个变量结果为正，但是并未通过显著性水平检验。而外来人口变量则表现出显著的负向影响，即外来人口每增长1%，结果会导致计算机、通信及其他电子设备制造业专业化集聚指数下降2.3648%。从模型的估计结果来看，城市规模的自然增长和城市化水平提升会为高技术制造业的发展提供正的城市化经济效应，即由于城市化发展水平较高的城市中人才、技术、资金等优势明显，同时为高技术制造业发展提供良好的生产性服务业支持，还有优越的基础设施和良好的发展环境，结果便会导致像计算机、通信等高技术制造业向城市化发展水平较高的地区集聚。同时，由于转型期城市经济结构的调整，大城市会趋向于将技术水平较高的制造业作为城市制造业门类的主导行业，通过政策引导的作用也会进一步强化高技术制造业的专业化集聚。反观反映城市化作用的外来迁入人口变量表现出显著的负向作用，这是因为大量外来劳动力进入长三角地区为整个制造业的发展提供了劳动力，但是由于很多外来迁入人口的素质或技能相对较低，反而维持了很多低技能产业在城市中的发展，会与高技术制造业争夺产业发展的各类要素，结果便是会妨碍高技术制造业专业化集聚水平的提升（Altonji and Card，1991）。

（3）从反映全球化效应的变量来看，外资进入变量、出口变量以及世界城市变量都显示外资进入和进入国际两个方面的变量会促进计算机、通信及其他电子设备制造业的专业化集聚，但是全球城市变量并未通过显著性水平的检验。具体看来，反映外资进入的外资比重变量表现出显著的正向作用，且外资资产比重每增长1%会导致计算机、通信及其他电子设备制造业专业化集聚指数上升0.1415%。这是因为外资进入会通过资金和技术溢出来促进高技术制造业专业化发展和集聚水平的提升。吴家伟等（Wu et al.，2018）对长三角的研究也发现了外资进入会显著促进高技术制造业行业的集聚。反映进入国际的出口变量也表现出显著的正向作用，且出口交易占比每增长1%，结果会使得计算机、通信及其他电子设备制造业专业化集聚指数上升0.1930%。这就说明外资进入和国际贸易在很大程度上鼓励了技术密集型部门的专业化集聚（Wu et al.，2018）。这是因为参与全球贸易会强化产业分工，而分工会通过规模经济来强化专业化集聚优势，吸引更多高技术制造业在地区集聚，进而提升整个地区高技术制造业的专业化集聚水平。

五、模型结果主要发现

总结四个模型的结果而言，反映地方化、城市化与全球化效应的多个变量均对四个案例行业产生显著影响，但是具体作用符号存在一定差异。

（1）从地方化效应变量来看，土地要素成本、劳动力成本以及交通运输业的发展都会对四个行业产生显著的影响，尤其是土地价格会显著影响到四个代表性行业的专业化集聚水平。但是，地方化效应会因制造业门类的不同而导致结果存在差异。例如，纺织业会因工资的上升而导致县域专业化集聚指数的下降，而通用设备制造业、汽车制造业和计算机、通信及其他电子设备制造业则表现出趋向于向高工资水平的地区集聚。这就表明低技术制造业对工资敏感，而高技术或资本密集型行业由于对高技能劳动力的强烈需求而趋向于在高工资地区形成专业化集聚。从市场变量看，市场规模扩张会促进低技术和资本密集型行业形成专业化集聚，而不利高技术制造业专业化集聚的形成。这可能是因为前两类行业由于规模经济的影响更加趋向于向市场较大的地区集聚，而高技术制造业由于研发到生产周期较长，可能需要更多的时间才能面向市场，但是获得的各种投资要求其快速获益，反而不利于高技术行业形成专业化集聚。产业开发区不利于高低技术制造业形成专业化集聚，因为纺织业由于技术要求很低，而计算机、通信及其他电子设备制造业又是地区争相发展的高技术产业，产业化开发区的建设导致这些行业向全区扩散，降低了产业整体空间的集聚程度（孟美侠、曹希广和张学良，2019）。而资本密集型制造业由于对土地和资本的需求更高，需要建立开发区提升规模经济效应，反而促进了该行业专业化集聚的形成。

（2）从城市化主要变量来看，城市规模的增长和城市化水平的提升不利于低技术制造业专业化集聚的形成，但是对高技术制造业的专业化集聚会产生正向作用，例如，对汽车和计算机行业专业化集聚会产生促进作用。这是因为随着城市化进程向高级阶段发展导致经济结构会调整，由于城市中生产成本的快速增长导致低技术和资本密集型制造业逐渐退出中心城市向周边的城市转移，而高技术制造业由于产业发展的优势和政府的支持会继续在中心城市形成专业化集聚。而大量的外来人口进入会导致城市制造业结构多样化增强，导致不同类型的制造业在城市中共存，由于产业发展的要素有限，导致多样化的企业会争夺产业发展要素，结果便会导致专业化制造业集聚水平的下降。

（3）从全球化的相关变量来看，出口贸易会强化四个主导行业的专业化集聚，这就表明了参与国家间分工会来强化专业化行业的集聚优势。这是因为，在参与全球贸易的过程中，不同地区会通过市场竞争而形成专业化分工，这种专业化优势会通过自身的规模经济实现产业发展的自我强化，同时由于专业化优势的存在会导致该行业更加趋向于集聚在生产上具有优势的地区，从而提升各个行业的专业化集聚水平。外资变量会对低技术和高技术制造业的产生正向作用，这是因为外资的进入会通过产业技术溢出来强化某个行业的专业化优势，从而吸引更多的纺织业或计算机、通信及其他电子设备制造业企业的进入，从而强化其专业化集聚水平。反映世界城市的变量在三个模型中均表现出正向作用，表明世界城市是企业或产业进入全球的重要窗口，可以快速获得产业发展的市场信息和相关的技术支持，通过世界城市网络的作用，促进企业与全球其他地区产生联系，从而强化了不同行业的专业化集聚水平。

第四节　本章小结

本章通过选取典型代表的 2 位数主导制造业作为劳动密集型、资本密集型和技术密集型行业的案例行业，系统的描述了四个代表性行业：纺织业、通用设备制造业、汽车制造业以及计算机、通信及其他电子设备制造业的产值规模和就业规模的时间变化特征，进一步基于前文的地方化、城市化与全球化的分析框架，利用面板固定效应模型估计了地方化、城市化与全球化效应对四个不同类型的 2 位数制造业的影响。具体结论如下。

（1）从产值规模来看，选取的四个典型代表行业的产值规模在不断增加，主要是计算机、通信及其他电子设备制造业的增长速度最快，交通设备制造业次之，另外两个行业增长速度较慢。从具体的贡献来看，江苏的产值规模贡献最大且呈现出不断增加趋势，而浙江和上海的产值规模则相对较少，且呈现出波动变化的趋势。江苏在四个行业上均具有绝对的规模优势，而浙江主要在纺织业和通用设备制造业的产值规模具有一定优势，上海则主要在汽车制造业和计算机、通信及其他电子设备制造业的产值规模上占据优势。

（2）从就业规模来看，四个代表性行业大致呈现出两个阶段的变化特征，即 2000～2010 年就业规模呈现出不断增长趋势，而 2010 年以后则呈现出逐渐下降趋势。从四个行业具体看来，江苏和浙江的纺织业和通用设备制造业的就业规模大致以 2010 年为界呈现出先增加后下降的趋势，上海虽然就业规模较少，但也呈现出 2010 年以后波动下降趋势。计算机、通信及其他电子设备制造业的就业规模增长主要得益于江苏的贡献，但是 2010 年以后江苏该行业的就业规模也呈现出波动下降趋势，而浙江和上海的计算机、通信及其他电子设备制造业就业规模大致相等，并且呈现出增幅较小的波动变化特征。

　　（3）土地要素成本、劳动力成本、交通运输业发展等地方比较优势会对四个主导行业专业化集聚产生显著的作用。土地成本优势可以促进不同类型的专业化集聚的形成，四个主导行业都表现出对土地价格十分敏感。而劳动力成本则会因产业分异而产生不同的结果，廉价劳动力有利于纺织业专业化集聚的形成，而通用设备制造业、汽车制造业和计算机、通信及其他电子设备制造业类型的制造业则更偏向于在高工资地区形成集聚。交通运输业的发展更多地促进了纺织业和计算机、通信及其他电子设备制造业的分散化。城市规模和城市化水平的提升会妨碍纺织业和通用设备制造业的专业化集聚，而对计算机、通信及其他电子设备制造业的专业化集聚产生正向作用。城市规模的增长则主要促进了汽车制造业的专业化集聚。外来人口的进入会妨碍四个不同类型制造业专业化集聚的发展。外资进入会对纺织业、汽车制造业以及计算机、通信及其他电子设备制造业产生显著的正向作用。出口贸易则会对四个行业的专业化集聚均产生显著的促进作用。此外，制造业人口密度的增长会促进四个主导行业的专业化集聚的发展，而地区企业平均规模越大则会不利于四个主导行业专业化集聚的形成。

| 第八章 |

主要结论与展望

本书以 2004~2013 年中国经济普查的企业层面微观数据和 2000~2013 年中国工业企业数据为基础,利用相关的数学统计与空间分析方法深入揭示了长三角地区制造业专业化和集聚的区域差异与时空演变特征。同时,本书提出地区制造业专业化和集聚的形成是由地方化效应、城市化效应和全球化效应三个因素共同作用的结果,并且在实证上验证了理论解释框架的有效性。与以往研究相比,关于地方化效应、城市化效应与全球化效应对地区制造业专业化和集聚的影响的研究很多,但文献往往单独讨论这些因素的影响,缺乏理论架构的综合性。在已有文献中,制造业专业化和集聚的动力常常被解释为本地的区位条件或地方政策体系的结果(Hoover,1937;Storper,2010)。经济学理论倾向于将专业化和集聚为对资源禀赋绝对或比较优势的回应(Smith,1776;Ricardo,1817),或者作为制造业和贸易全球化关系的一部分(Krugman,1993)。城市化效应的实证案例研究简单地列举了城市个体因素的影响,结果喜忧参半(Peker,2012;尹希果和刘培森,2014;Su,2018;Wu et al.,2018)。这种分析可能有助于理解每个因素在理论上是如何与制造业的专业化和集聚相联系的。然而,当这些方法被应用于多个因素共同塑造制造业动态演变的情况下,它们可能会被忽视。

本书认为,发展中国家新兴城市化地区的制造业专业化和集聚是一种更为复杂、更有活力和偶然性过程集合的产物,这些过程可以被理论化为地方化、城市化和全球化。结合这三个方面的要素来考察制造业专业化和集聚动态演变,将为长三角地区制造业演变研究提供更全面的解释。同时,通过相关模型实证检验,也证实了本书提出的解释框架对制造业地区专业化和集聚有显著的影响,但是具体作用结果存在一些差异。更进一步,利用固定效应模型对四个案例行业的结果也表明地方化、城市化与全球化效应会对专业化集聚产生影响,且作用强度有所差异。本章将实证部分的主要结论作了具体总结，并提出了推进地区专业化、产业集聚或具体产业专业化集聚的政策启示，并分析了研究中存在的不足之处，提出了未来继续深入的方向。

第一节 主要结论

一、制造业的发展、地区专业化和空间集聚特征具有较大的内部差异性

第一，2000年以来，长三角地区制造业产值规模增幅逐渐减缓，主要是因为上海和浙江的产值规模增量有限，而江苏则是本地区产值规模增长的主要贡献者。在产值的空间特征上来看，则表现出以长三角城市群为核心，其他地市为外围的"中心—外围"状分异特征。城市群地区中心地位不断强化，不过江苏北部地市的产值规模增加明显，而浙江西南部地市则增量有限。从就业趋势来看，大致以2010年为界，制造业就业人口呈现出先上升后下降的变化趋势。更进一步，发现长三角地区制造业发展趋势逐渐转变为技术密集型制造业为主，劳动密集型制造业就业比重缩减明显，而资本密集型制造业比重则趋于稳定。从具体的2位数代码行业在各地市的占比情况，也证实了这一变化趋势。

第二，上海、江苏和浙江的制造业结构存在一定的分异，主要表现在上海和浙江、浙江与江苏之间的内部结构差异，而上海和江苏之间的制造业结构存在较强的相似性。更进一步，这种制造业内部结构的地区差异在县域尺度表现得更加显著，即外围城市化地区的县域专业化指数普遍较高，而核心城市化地区、次核心城市化地区的县域专业化指数则相对较低，也呈现出专业化的"中心低、外围高"的空间分异。这主要是因为核心城市化和次核心城市化地区组成的"Z"字型工业走廊是制造业核心集聚地区，而外围城市化地区则产业结构相对单一。

二、地方化效应的作用显著，但具体影响存在差异且影响不连续

地方化效应对长三角地区制造业专业化和产业集聚的影响较为显著，同时对案例主导行业的估计结果也证实了地方化效应会对不同行业的专业化集

聚产生影响。从具体变量的作用结果来看，本书基于地方比较优势和优势重建的解释变量具体估计系数存在较为明显的相反作用。例如，本地市场规模对县域制造业专业化呈现出显著的正向作用，而对制造业集聚的作用却是不显著的。这表明本地市场规模的扩张可以强化地区专业化。同时，市场规模对劳动密集型制造业的地区专业化具有显著的正向作用，但对劳动密集型制造业产业集聚的影响是负向的。从工资、土地价格的变量结果也证实了地方化效应会对制造业的地区专业化和产业集聚产生相反的作用，同时对细分行业的结果也证实了这个结论。外围城市化地区的产业结构相对单一，且产业规模相对较小，因此较低的工资水平，可以促进制造业的专业化发展。而核心城市化地区作为制造业的主要集聚区，劳动力素质高且技术水平高，促进了制造业的进一步集聚。

与一般认知不同的是，地价的上升会促进地区制造业专业化，尤其是对于三个城市化地区的分模型也证实了地价上升会对地区制造业专业化产生正向作用，即土地出让价格的上涨在促进整个地区县域制造业专业化指数的提升。外围县域的地价水平一般会低于主要城市化地区，但是外围县域的专业化指数却普遍高于主要城市化地区。究其原因，这主要是因为整个地区的土地出让价格都在上涨，主要通过地区的专业化生产才能支付土地成本的上涨。从地方比较优势重建的角度，产业开发区的建设对制造业地区专业化的作用为负，而对产业集聚的作用则显著为正。更进一步，由于地方化效应的这种差异化的作用，导致其对专业化集聚的影响也因具体变量的不同而产生差异化的作用。具体看来，除了土地价格对四个行业的专业化集聚产生负向作用，其余因子的估计结果存在一定差异。其中，工资提升会对纺织业和计算机、通信及其他电子设备制造业两个不同行业的县域专业化集聚产生相反的作用。这就表明低技术行业与高技术行业对工资变化的反映存在差异，低技术制造业对工资的变化更加敏感。

总体而言，地方比较优势可能在促进地区专业化方面具有促进作用，而对推动产业集聚方面则呈现出差异性的影响。同时，地方通过政府作用来比较优势重建过程可能会强化产业集聚，但是并未促进地区制造业专业化水平的提升。这就表明，地方在产业发展过程中应该综合考虑地方优势和优势重建的要素，从地方优势产业出发，核心的目标应该是强化地方的专业化优势来参与外部市场竞争，同时关注产业的多元化发展来抵御过度单一化的风险。

三、城市化效应强化了制造业的集聚水平，并促进了地区制造业的多样化

城市化效应对制造业地区专业化具有较为显著负向作用，而对制造业集聚具有显著的正向作用。反映城市化效应的城市化率对制造业专业化的影响显著为负。然而，在分行业模型的估计结果中却发现城市化效应对三个分类型行业的地区专业化的作用也是负向的。这就说明城市化水平的提升会妨碍地区制造业专业化水平的提升。

同时，本书还发现反映城市化效应的城市化率、城市规模以及外来迁入人口变量会促进地区制造业集聚水平的提升。在分行业的模型结果中同样证实了这一发现。结合县域专业化和集聚的空间特征，可以发现在长三角地区城镇化的推进过程当中，由于城市化经济的影响导致制造业更多向城市化发展水平较高的城市集聚，而边缘地区则更多地倾向于专业化。例如，从制造业的分布的"Z"字型工业走廊也证实了制造业主要集聚在长三角的核心城市化地区，这种结果造成了核心城市化地区制造业的非专业化集聚（或更多的是多样化集聚）。而城市化发展水平较低的边缘地区，主要是苏北和浙西南地区的县域则更多的趋向于制造业专业化。

在对四个主导行业的模型估计中，城市化效应也表现出了较为显著的影响。具体而言，城市化率与外来人口的估计结果证实了城市化效应对纺织业、通用设备制造业、汽车制造业以及计算机、通信设备及其他电子设备制造业的县域专业化集聚水平的影响为负向的。但是，反映城市化效应的城市规模变量对纺织业和汽车制造业的估计结果却存在较大差异，表明城市化效应的具体作用可能存在差异。这就表明城市化效应会因产业类型的差异而产生不同的作用结果。

总体而言，城市化效应对长三角地区制造业专业化和集聚的影响存在相反的作用。这就表明，在长三角地区城市化不断推进的过程中，制造业会因城市化经济的影响而主要向城市化水平相对较高的地区集聚，从而促进了地区制造业多样化水平的提升。但是，由于各个行业对城市化的反映存在一定

差异，导致城市化经济和城市化不经济会因行业差异而显著影响到这些行业的地区集聚水平。这就表明，地区在经济发展过程中应该更加关注本地产业基础，积极应对城市化效应对本地区制造业的各种影响。

四、全球化效应对地区制造业的影响呈现出双面性

全球化效应对长三角地区制造业专业化和集聚同样会产生显著的影响，实证结果表明反映全球化效应具体要素的作用存在一些差异，同时对案例行业的实证结果也证实了全球化效应的作用差异。一方面，外资企业的进入会对长三角地区制造业专业化会产生较为显著的负向作用，而对具体的三个不同类型行业制造业专业化的作用也证明是负向的。在对长三角地区制造业集聚的实证中，发现 FDI 和外资企业的进入的影响也是显著为负向作用。这就表明地区接受外资企业的进入会不利于其专业化和集聚水平的整体提升，而从分行业的实证结果发现，FDI 促进了技术密集型制造业地区专业化，但是外资进入妨碍了三个分类型行业的集聚。这就表明，FDI 的影响具有复杂性，会因行业差异产生不同的影响。更进一步，在具体案例行业的估计结果中发现外资企业的进入会对纺织业和计算机、汽车制造业以及计算机、通信设备及其他电子设备制造业的专业化集聚会产生显著的正向作用。

另一个方面，参与全球贸易对地区制造业专业化和产业集聚均产生显著的正向作用，同时对三个不同类型行业的具体实证中也同样证实了这个结论。在对四个案例行业的实证检验中，同样发现了参与全球贸易会显著促进这三个代表性行业的专业化集聚。这就表明了出口会对长三角地区的制造业专业化、集聚以及案例行业专业化集聚均会产生显著的正向促进作用。从这个实证结果，可以证实了地区主动参与全球化贸易对地区制造业的发展具有显著促进作用。

总体而言，全球化效应对长三角地区制造业发展的影响具有双面性，外资进入会不利于地区制造业专业化水平的提升，同时也会促使制造业的分散发展。然而，地区参与全球贸易与增加与世界城市的联系会促进专业化和集聚的提升。全球化效应的双面性对整个地区制造业专业化和集聚发展的影响具有较强的一致性。这就表明，长三角地区在参与全球化的过程要考虑自身

的专业化基础和产业发展水平，积极参与全球贸易并关注外资进入对地区制造业不同门类发展的影响。

第二节　主要政策建议

一、推进地区制造业专业化的主要对策

本书发现长三角地区自核心城市化地区向外围城市化地区的制造业专业化呈现出不断增加的趋势，这就表明江苏北部和浙江西南部等外围城市化地区的制造业结构与核心城市群地区存在显著差异，这就为外围城市化地区参与整个地区的发展与区域合作提供了经济基础，对于推动外围城市化地区的经济增长具有重要促进作用。而核心城市化地区的制造业体系往往比较齐全，通常其产业结构更加趋向于多元化。但是一个重要的问题是，虽然地区制造业专业化通常被认为是有利的，因为它促进了规模经济和范围经济，增强了知识溢出和刺激生产力增长，但制造业多样化有助于抵御市场波动和不确定性。鉴于制造业发展的多样性，避免在长三角地区实施一刀切的产业政策是很重要的。因此，应该基于不同城市化地区的经济基础分异，提出差异化的产业发展政策。

首先，不断上升的生产成本往往不利于制造业活动在长三角地区的核心城市化地区的集聚。但是长三角核心城市群地区的国内市场规模和全球连通性要求制造业持续增强专业化，特别是那些高附加值和先进的高科技制造业活动，因为只有高技术企业才能支付得起高昂的城市生产和生活成本。因此，以上海—杭州—南京为核心的高度城市化地区应该更加聚焦于价值链的高端环节，将价值含量较低的环节转移到外围地区，着重在高技术的研发和创新领域有所突破，进而强化在高精尖技术领域的专业化优势，参与全球的市场竞争。

其次，长三角的次核心城市化地区与核心城市化地区在空间上具有较高的邻近性。虽然制造业专业化水平很高，但持续的城市化加速和外商直接投资的大量流入可能进一步刺激制造业多样化。必须采取旨在保持和加强过去几十年通过工业化进程所培养的地方竞争力和区域优势的地方政策去主动参

与市场竞争。同时，通过承接核心城市化地区的产业转移，重点在资本密集型或技术密集型制造业领域增强专业化优势。

最后，长三角地区制造业专业化水平最高的是外围城市化地区，主要集中在苏北和浙西南地区，大量的流动劳动力被雇佣在劳动密集型制造业工厂。由于生产成本的上升，制造业的专业化程度可能会降低。要充分利用核心和次核心城市化地区在经济结构调整方面的经验，继续利用本地的劳动力、土地资源优势承接劳动密集型制造业转移，强化自身在劳动密集型制造业的专业化优势，展开地区贸易。同时，苏北和浙西南地区的区域政策应着眼于与长三角核心城市的互联互通，加强区域网络建设和区域制造业发展合作。

总体而言，长三角地区应该制定差异化的专业化产业分工发展策略，强化不同地区的资本、技术以及资源禀赋的优势分工，通过合理的产业分工来推动整个地区专业化竞争力。同时，核心地区应该发挥创新引领作用，带动外围地区的产业发展，缩小地区内部的经济差异，强化区域认同与产业的一体化发展（宁越敏，2020）。

二、引导地区制造业合理分布的主要对策

长三角地区制造业主要集聚在长三角"Z"字型工业走廊地带，这些地区又主要位于该地区的核心城市或次核心城市化地区，而江苏北部和浙江西南部地区的制造业份额占比较低。随着在核心城市化地区生产成本的上升以及产业结构的调整，制造业区域分布也在发生新的变化和转移趋势，外围城市化地区应该主动承接制造业企业优先向本地区转移，构建长三角地区新的制造业生产基地。具体对策为：

（1）首先，通过改善地区区位条件，强化基础设施建设，尤其是改善地区的交通运输条件，吸引核心城市化地区的制造业转移。其次，通过提供相对廉价的工业用地指标，为吸引制造业的发展提供相关的土地政策支持。再次，通过政府的介入作用，通过建立相关产业开发区的路径，从税收、土地、财经等方面支持来吸引核心城市化地区的制造业企业入驻。最后，通过吸引与本地产业相关性较强的产业或上下游产业来强化本地制造业的专业化优势，实现产业开发区的能级提升，实现本地制造业竞争力的提升。

（2）实证分析证实了城市化效应会对制造业集聚产生促进作用。在城市

化进程中，缺乏制造业支撑的苏北和浙西南等外围城市化地区应该加快推进城市化进程，完善城市基础设施和公共服务建设。同时，与国家的城市化发展战略呼应，积极出台相关的人才吸引政策，吸引外来人口落户，着力提升城市的人口规模。同时，鼓励农业人口就近与就地城镇化，并吸引外来人口向中心城市集聚，总体提升外围城市化地区的城镇化水平。通过城市化效应的相关策略，推动核心城市化地区的制造业进一步向外围城市化地区转移。

（3）外资进入与外资企业的入驻均会对外围城市化地区制造业的集聚产生积极作用。由于长三角地区内部的差异逐渐缩小，外资开始在整个地区寻找生产的最佳区位，进一步推动了核心城市化地区制造业的地区内部转移。广大的苏北和浙西南地区应该抓住这个机遇，积极吸引外资企业向本地区转移，学习外资企业的先进技术和管理经验。同时，强化本地的制造业出口市场，积极参与全球贸易分工，通过专业化提升实现地区制造业集聚水平的提升。

三、强化地区制造业专业化集聚的主要对策

专业化产业的本地集聚不仅在县域内部形成了某个行业的集聚中心，同时多个专业化产业集聚区的空间连片便会形成极具竞争优势的产业集聚连片区，可以强化整个长三角地区的专业化产业竞争优势。本书也发现在制造业主要的集聚区逐渐形成了多产业类型共同集聚的特征，但是仍然存在一定的专业化产业分工的特征。因此，在推进长三角地区内部制造业专业化集聚的过程，应该基于地区内部的产业差异进行区别对待，具体而言：

（1）大力推进"Z"字型工业走廊地区的县域专业化集聚水平。基于长三角地区制造业主要集中在"Z"字型工业走廊地区（以苏州、无锡、常州、上海以及杭州、绍兴、宁波为主），在这一地区的很多县域单元的产业专业化水平均比较高，同时很多专业化产业集聚县域在空间上形成了规模较大的连片分布区，如本书选择的几个案例行业均呈现出空间集中连片的特征。因此，这些专业集聚优势明显的县域应该通过产业的自我集聚优势和吸引相关产业集聚的策略，进而继续提升本地的专业化产业集聚优势。同时，积极加强地区之间的产业联系，强化整个地区专业化产业集聚区的规模，实现规模经济来提升产业的区域竞争力，进而提升区域制造业的专业化实力，参与地区贸易与全球贸易。外围城市化地区的制造明显没有形成专业化优势，未来

应该主动承接并积极吸引核心城市化地区的劳动或资本密集型制造业转移。

（2）在"Z"字型工业走廊多样化产业混合的格局中，强化专业化产业集聚的内部差异。本书发现在长三角地区的制造业集中分布地区存在专业化制造业的内部分工，即劳动密集型的纺织业专业化集群大致位于资本密集型的装备制造业和技术密集型汽车和计算机产业的外围，同时资本和技术密集型制造业彼此邻近或交叉分布，同时很多县域同时具有两个行业的集群优势，即表现出了多部门制造业行业的专业化共聚特征。因此，在推进长三角地区产业协同发展的进程中，继续强化这种专业化分工的空间分异，支持劳动密集型制造业向县域工资水平、土地价格等具有地方优势的次核心城市化地区集聚，而技术密集型制造业则向核心城市化地区集聚。通过强化整个地区制造业的专业化分工差异，促进长三角地区产业一体化高质量发展。

（3）由于城市化效应对劳动密集型的纺织业和资本密集型的通用设备制造业均产生不利的作用，而对技术密集型的汽车和计算机行业产生有利影响。因此，在推进城市化进程中，应该继续提升技术密集型制造业在核心城市化地区的集聚，而劳动或资本密集型制造业则积极向城市化水平较低的次核心或外围城市化地区转移。强化与外资企业的联系，积极引进专业化产业相关的外资企业或外国资本，同时增强专业化产业的出口市场规模。同时，继续提升出口规模，参与全球的市场竞争，通过不断获取市场的竞争优势强化提升专业化产业的集聚水平。

第三节　研究展望

一、细分行业代码或产品类型的比较分析

本书对制造业的考察主要是基于 2 位数行业代码进行研究的，包括对地区专业化、产业集聚以及四个典型性行业的考察等，都主要基于我国已有的2 位数行业分类代码（GB/T 4754－2011）来展开研究。其中，基于 2 位数行业代码对地区制造业专业化很多文献中发现（Paluzie et al., 2001；Suede-kum, 2006；Vogiatzoglou, 2006；Ezcurra et al., 2006；Hallet, 2002）。在国内文献中，基于 2 位数行业的研究也有很多，具体文献见陈良文和杨开忠

（2006）、谢品、李良智和赵立昌（2013）以及孟德友和陆玉麒（2012）等。就本书采用的 KSI（专业化指数）本身而言，KSI 的计算过程可能对产业的分类比较敏感。但是，帕兰（Palan，2010）在比较了不同测度专业化指数的指标后，认为 KSI 值的结果与选定的参照组产业结构关系比较大，而添加某个为零或从业人数很低的行业不会改变地区专业化水平。因此，如果制造门类被进一步划分为更精细的部门，例如基于 3 位数行业分类代码或 4 位数代码的级别，计算得出的 KSI 应该和 2 位数代码的计算结果差异较小。然而，这也为今后的不同位数代码分类的对比研究提出了方向。

因此，未来需要改进的一个方向便是通过对比 2 位数行业分类代码、3 位数行业分类代码以及 4 位数行业分类代码计算 KSI，并展开不同行业代码的对比分析。同理，本书提到的制造业集聚和代表性行业的专业化集聚研究也主要基于 2 位数制造业行业分类代码，未来会基于更加细分行业的分类，来对比地区内部制造业的集聚特征与分工趋势，以便从产品内分工视角来构建长三角地区制造业的合理分工与产业格局。

二、研究尺度的多元化对比及效应检测

尺度问题一直是地理学研究中不可回避的核心问题，因为存在着复杂的等级关系（苗长虹，2004；李小建，2005；Burger et al.，2007）。从已有相关研究来看，由于研究尺度的差异可能导致研究结论存在较大差异，同时我国的行政区划体系中存在着较为显著的省、市和县多尺度地方政府管理机制。因此，基于长三角地区的制造业研究应该关注不同尺度选择效应对其产生的影响。

就本书而言，主要以长三角地区县域尺度为研究单元，尤其是将每一个市辖区作为一个独立的研究单元进行考察，而对省域和市域尺度的分析内容则相对较少。相比已有研究结果来看，多数研究的展开主要以省域或市域尺度进行研究，而关于县域尺度的考察则主要将地市的市辖区剔除在外或合并考虑。就长三角地区而言，如果从地市单元来研究整个地区制造业的动态演变，也是一个比较好的研究尺度，因为这考虑到了我国行政区划中，地级市对整个地区产业发展和经济规划中的支配地位以及行政管理作用，但是从地级市尺度的研究往往忽略了县级层面，这个最基本的行政单元在经济发展和

产业政策中的独立作用，尤其是长三角地区的很多县级单元的制造业规模很大，且具有较强的经济独立性。例如，昆山、江阴、张家港等县域单元占据了 2018 年中国百强县的前三名。此外，还有很多县级单元在中国经济百强县中名列前茅，数量占据一定比重。同时，已经成为市辖区的松江、萧山、鄞州等虽未统计到经济百强县中，但是这些市辖区的制造业经济实力非常强，且具有较为独立的生产功能。另外，地级市的中心市辖区虽然制造业数量和规模相对较小，但是存在关于制造业优势要素的竞争问题，也会通过发展某个产业实现专业化集聚，参与地区内部竞争。例如，上海静安区的印刷制品业、杭州上城区的烟草制品业、南京栖霞区的通用设备制造业等在长三角地区具有专业化优势。因从，基于县级尺度考察具有较强的科学性。

总体看来，本书主要基于县域尺度的考察，可能忽略了地级市尺度的作用，尤其是地级市政府在产业发展中的作用。因此，未来应该从省级、市级以及县级三个尺度进行对比分析，实现多尺度研究的对比分析，并利用相关的实证计量模型来检验并充实本书提出的地方化、城市化与全球化理论解释框架的有效性，从而使提出的理论解释框架更具解释力。

三、专业化和集聚对企业效益或地区经济作用的检验

本书的主要内容是基于已有研究对于制造业专业化和集聚的解释中存在的争论以及结论差异展开研究，尝试建立一个解释地区制造业发展与演变的解释框架，从而弥补已有研究中单一要素解释的不足，主要提供了一个理论上的解释视角，这也是本书的一个重要贡献。然而，从应用性视角来看，某个地区追求地区专业化和产业集聚的目的应该与本地的经济增长相挂钩（Kemeny and Storper，2015；Dogaru et al.，2011；Porter，2003）。同理，企业追求专业化和集聚的目的也主要是为了获得企业效益提升与生产效率的增加（Li and Geng，2012；Folta et al.，2006；Delgado et al.，2014）。虽然已有的研究中，就专业化和多样化对经济增长的作用还存在着争议（Landry，2000）。从这个角度而言，本书并未针对这些问题展开实证分析。本书主要作了地方化效应、城市化效应与全球化效应对地区专业化和集聚的实证分析，而专业化和集聚对地区经济增长或企业效益的相关实证分析并未展开，这就为以后的研究指明了方向。

　　确切地讲，本书今后将会建立一个更加完善的从地方化要素、城市化要素与全球化要素组成的理论框架来解释专业化和集聚的形成发展，并将这部分内容与地区经济增长或企业效益相互挂钩，建立这三者之间的作用传导机制，从而使得本书的研究更加全面与深入，形成一套完整从理论到实践的分析机制，为后续的顺利展开奠定基础。例如，如何通过地方化要素的介入、城市化方略的调整以及参与全球化的手段来影响地区制造业结构和分布，进而影响到不同地区经济的增长差异。又例如，不同产业类型的企业空间集聚对企业效益的影响有多大，以及多大尺度上的企业集聚可以对企业效益产生显著促进作用，也就是说企业集聚经济的边界在哪里等问题，都需要未来展开深入的理论探讨与实证检验。

　　此外，本书构建了由地方化、城市化与全球化组成的理论分析框架来解释地区制造业专业化和集聚的驱动因素，可能忽略了其他一些变量的影响，未来应该增加可能的控制变量。同时，一些变量的测度方面可以更好地完善，例如在外资变量方面笔者使用的是 FDI 的数值，未来可以尝试使用 FDI 占GDP 的比重来更好地反映外资的作用。最后，在讨论单一要素的具体影响时，会增加具体的因果识别模型，更好地反映单一要素和制造业专业化和集聚之间的因果关系。

参考文献

［1］安树伟，张晋晋．2000 年以来我国制造业空间格局演变研究［J］．经济问题，2016（9）：1－6.

［2］白珊．我国制造业产业集聚和新型城镇化互动发展关系研究［D］．重庆：重庆师范大学，2018.

［3］白雪，宋玉祥．中国生产性服务业发展水平的时空特征及其影响因素［J］．人文地理，2019，34（3）：118－127.

［4］毕秀晶，汪明峰，李健，等．上海大都市区软件产业空间集聚与郊区化［J］．地理学报，2011，66（12）：1682－1694.

［5］毕秀晶，宁越敏．长三角大都市区空间溢出与城市群集聚扩散的空间计量分析［J］．经济地理，2013，33（1）：46－53.

［6］毕秀晶．长三角城市群空间演化研究［D］．上海：华东师范大学，2014.

［7］蔡培．京津冀产业集聚形成及效应研究［D］．北京：首都经济贸易大学，2017.

［8］曹宗平，朱勤丰．广东省制造业集聚与转移及其影响因素［J］．经济地理，2017，37（9）：111－117.

［9］陈访贤．产业集聚与新疆城市化关系问题研究［D］．乌鲁木齐：新疆师范大学，2008.

［10］陈良文，杨开忠．地区专业化、产业集中与经济集聚——对我国制造业的实证分析［J］．经济地理，2006（S1）：72－75.

［11］陈曦，席强敏，李国平．城镇化水平与制造业空间分布——基于中国省级面板数据的实证研究［J］．地理科学，2015，35（3）：259－267.

［12］陈小晔．全球制造业回归背景下的上海市制造业发展方向探讨

［D］．上海：华东师范大学，2017.

［13］陈炎飞．江苏制造业产业集聚及其影响因素研究［D］．南京：中共江苏省委党校，2018.

［14］陈彦光，周一星．城市化 Logistic 过程的阶段划分及其空间解释——对 Northam 曲线的修正与发展［J］．经济地理，2005，25（6）：817 - 822.

［15］段树军．2.0 版长三角一体化的新内涵［N］．中国经济时报，2019 - 06 - 17（001）．

［16］范剑勇．长三角一体化、地区专业化与制造业空间转移［J］．管理世界，2004（11）：77 - 84，96.

［17］傅晓．在长三角一体化中形成城市产业分工协作新格局［N］．第一财经日报，2019 - 09 - 12（A08）．

［18］高辰，申玉铭．北京市制造业空间格局及演变分析［J］．地域研究与开发，2018，37（5）：30 - 36.

［19］高虹．中国制造业空间分布特征及其变化：全球化、经济集聚和经济政策［J］．上海商学院学报，2019，20（3）：3 - 15.

［20］顾绣敏．浙江制造业聚集度及影响因素分析［D］．宁波：宁波大学，2009.

［21］郭湖斌，邓智团．新常态下长三角区域经济一体化高质量发展研究［J］．经济与管理，2019，33（4）：22 - 30.

［22］郭重庆．全球化与中国制造业［J］．中国工程科学，2001（4）：17 - 21.

［23］韩峰，李玉双．产业集聚、公共服务供给与城市规模扩张［J］．经济研究，2019，54（11）：149 - 164.

［24］贺灿飞，胡绪千．1978 年改革开放以来中国工业地理格局演变［J］．地理学报，2019，74（10）：1962 - 1979.

［25］黄玖立，李坤望．对外贸易、地方保护和中国的产业布局［J］．经济学（季刊），2006（2）：733 - 760.

［26］黄亚平，周敏．武汉都市区制造业空间演化特征、机理及引导策略研究［J］．城市规划学刊，2016（6）：54 - 64.

［27］纪小美，付业勤，陶卓民，等．福建省县域经济差异的时空动态

与变迁机制［J］. 经济地理，2016，36（2）：36 – 44.

［28］纪玉俊，李志婷. 中国制造业集聚与城镇化的交互影响——基于30 个省份面板数据的分析［J］. 城市问题，2018（2）：18 – 24.

［29］康江江，张凡，宁越敏. 苹果手机零部件全球价值链的价值分配与中国角色演变［J］. 地理科学进展，2019，38（3）：395 – 406.

［30］孔令刚，吴寅恺，陈清萍. 长三角高质量一体化发展论坛综述［J］. 区域经济评论，2019（5）：145 – 150.

［31］蓝梦芬. 中国电子信息制造业空间集聚及其影响机制研究［D］. 南宁：广西大学，2018.

［32］黎文勇，杨上广. 市场一体化、城市功能专业化与经济发展质量——长三角地区的实证研究［J］. 软科学，2019，33（9）：7 – 12.

［33］李健，宁越敏，石崧. 长江三角洲城市化发展与大都市圈圈层重构［J］. 城市规划学刊，2006（3）：16 – 21.

［34］李建华. 中国区域产业集聚与 FDI 的互动关系研究［D］. 长春：吉林大学，2019.

［35］李建新. 中国制造业规模、结构高级度及其协调发展的时空格局［D］. 兰州：兰州大学，2018.

［36］李莉，张廷海. 我国制造业区域集聚程度的影响因素研究［J］. 宜春学院学报，2017，39（11）：46 – 50.

［37］李汉青，袁文，马明清，等. 珠三角制造业集聚特征及基于增量的演变分析［J］. 地理科学进展，2018，37（9）：1291 – 1302.

［38］李仙德，宁越敏. 城市群研究述评与展望［J］. 地理科学，2012，32（3）：282 – 288.

［39］李小帆，付书科，卢丽文. 长江经济带人口城镇化时空差异格局研究［J］. 世界地理研究，2017，26（3）：84 – 95.

［40］李小建. 经济地理学研究中的尺度问题［J］. 经济地理，2005，25（4）：433 – 436.

［41］李燕，贺灿飞. 1998—2009 年珠江三角洲制造业空间转移特征及其机制［J］. 地理科学进展，2013，32（5）：777 – 787.

［42］刘汉初，樊杰，张海朋，等. 珠三角城市群制造业集疏与产业空

间格局变动 [J]．地理科学进展，2020，39（2）：195－206.

[43] 刘升学，康利机，陈鸣，等．制造业集聚与城镇化的互动关系研究——来自衡阳市 2000—2016 年的经验证据 [J]．南华大学学报（社会科学版），2019，20（1）：49－55.

[44] 刘雅媛，张学良．"长江三角洲"概念的演化与泛化——基于近代以来区域经济格局的研究 [J]．财经研究，2020，46（4）：94－108.

[45] 刘志彪，陈柳．长三角区域一体化发展的示范价值与动力机制 [J]．改革，2018（12）：65－71.

[46] 罗奎，李广东，劳昕．京津冀城市群产业空间重构与优化调控 [J]．地理科学进展，2020，39（2）：179－194.

[47] 罗胤晨，谷人旭．1980—2011 年中国制造业空间集聚格局及其演变趋势 [J]．经济地理，2014，34（7）：82－89.

[48] 马超．我国汽车制造业区域分布研究 [D]．长春：吉林大学，2015.

[49] 马卫，白永平，张雍华，等．2002—2011 年中国新型城市化空间格局与收敛性分析 [J]．经济地理，2015，35（2）：62－70.

[50] 马仁锋．长江三角洲区域一体化政策供给及反思 [J]．学术论坛，2019，42（5）：114－123.

[51] 孟德友，陆玉麒．中部省区制造业区域专业化分工与竞合关系演进 [J]．地理科学，2012，32（8）：913－920.

[52] 孟美侠，曹希广，张学良．开发区政策影响中国产业空间集聚吗？——基于跨越行政边界的集聚视角 [J]．中国工业经济，2019（11）：79－97.

[53] 苗长虹．变革中的西方经济地理学：制度、文化、关系与尺度转向 [J]．人文地理，2004，19（4）：68－76.

[54] 宁越敏．新的国际劳动分工世界城市和我国中心城市发展 [J]．城市问题，1991（3）：2－7.

[55] 宁越敏．从劳动分工到城市形态（二）——评艾伦·斯科特的区位论 [J]．城市问题，1995（3）：14－16，20.

[56] 宁越敏．长江三角洲经济一体化研究 [J]．世界地理研究，1998

（2）：56 –61.

［57］宁越敏，施倩，查志强．长江三角洲都市连绵区形成机制与跨区域规划研究［J］.城市规划，1998（1）：15 –19，31.

［58］宁越敏．中国大城市群的界定和作用——兼论长三角城市群的发展［J］.中国城市研究，2010（2）：1 –16.

［59］宁越敏．中国都市区和大城市群的界定——兼论大城市群在区域经济发展中的作用［J］.地理科学，2011，31（3）：257 –263.

［60］宁越敏，张凡．关于城市群研究的几个问题［J］.城市规划学刊，2012（1）：48 –53.

［61］宁越敏．世界城市群的发展趋势［J］.地理教育，2013（4）：1.

［62］宁越敏．论中国城市群的界定和作用［J］.城市观察，2016（1）：27 –35.

［63］宁越敏，杨传开．新型城镇化背景下城市外来人口的社会融合［J］.地理研究，2019，38（1）：23 –32.

［64］宁越敏．长江三角洲市场机制和全域一体化建设［J］.上海交通大学学报（哲学社会科学版），2020，28（1）：53 –57，74.

［65］潘峰华，贺灿飞，彭思源．全球化背景下的广东省制造业地理集中研究［J］.人文地理，2011，26（4）：91 –98.

［66］潘悦．国际产业转移的四次浪潮及其影响［J］.现代国际关系，2006（4）：23 –27.

［67］彭立，刘邵权．川滇黔接壤地区城镇化空间特征及驱动力分析［J］.地域研究与开发，2012，31（4）：75 –78，95.

［68］邵昱晔．对外贸易对中国制造业集聚的影响研究［D］.长春：吉林大学，2012.

［69］师博，沈坤荣．政府干预、经济集聚与能源效率［J］.管理世界，2013（10）：6 –18，187.

［70］苏华．中国城市产业结构的专业化与多样化特征分析［J］.人文地理，2012，27（1）：98 –101.

［71］孙桂英．长三角主导产业的空间结构演化研究［D］.哈尔滨：哈尔滨工业大学，2014.

[72] 孙晓华，郭旭，王昀．产业转移、要素集聚与地区经济发展 [J].
管理世界，2018（5）：47－62.

[73] 谭清美，陆菲菲．Ellison-Glaeser 指数的修正方法及其应用——对
中国制造业行业集聚的再测度 [J]．技术经济，2016，35（11）：62－67.

[74] 陶希东．中国建设现代化都市圈面临的问题及创新策略 [J]．城市
问题，2020（1）：98－102.

[75] 唐承丽，吴艳，周国华．城市群、产业集群与开发区互动发展研
究——以长株潭城市群为例 [J]．地理研究，2018，37（2）：292－306.

[76] 汪荔．贸易自由化与中国的制造业分布 [D]．南京：南京大
学，2011.

[77] 王芳芳．广东省制造业空间格局演变及影响因子分析 [D]．广州：
暨南大学，2018.

[78] 王继东，杨蕙馨．新常态下中国汽车制造业集中度演变研究 [J].
东岳论丛，2016，37（6）：112－119.

[79] 王佳，陈浩．城市规模、生产性服务业发展与制造业集聚——基于中
国地级市面板数据的实证研究 [J]．中央财经大学学报，2016（11）：84－94.

[80] 王金杰，王庆芳，刘建国，等．协同视角下京津冀制造业转移及
区域间合作 [J]．经济地理，2018，38（7）：90－99.

[81] 王俊松．长三角制造业空间格局演化及影响因素 [J]．地理研究，
2014，33（12）：2312－2324.

[82] 王舒馨，杨永春，史坤博，等．乌鲁木齐市制造业时空格局演化
[J]．世界地理研究，2017，26（4）：93－106.

[83] 王艳茹，谷人旭．长三角地区城市网络结构及其演变研究——基
于企业联系的视角 [J]．城市发展研究，2019，26（6）：21－29，78.

[84] 王振波，梁龙武，王旭静．中国城市群地区 PM－（2.5）时空演变
格局及其影响因素 [J]．地理学报，2019，74（12）：2614－2630.

[85] 巫细波．广州汽车制造业空间布局变化及影响因素研究——基于
GIS 方法 [J]．汽车工业研究，2019（4）：29－33.

[86] 吴常艳，黄贤金，陈博文，等．长江经济带经济联系空间格局及
其经济一体化趋势 [J]．经济地理，2017，37（7）：71－78.

[87] 吴福象，刘志彪. 城市化群落驱动经济增长的机制研究——来自长三角16个城市的经验证据 [J]. 经济研究，2008，43（11）：126 – 136.

[88] 吴康. 京津冀城市群职能分工演进与产业网络的互补性分析 [J]. 经济与管理研究，2015，36（3）：63 – 72.

[89] 吴三忙，李善同. 中国制造业空间分布分析 [J]. 中国软科学，2010（6）：123 – 131，150.

[90] 吴郁玲，冯忠垒，曲福田. 比较优势理论与开发区土地资源配置效率的地区差异分析 [J]. 工业技术经济，2006（3）：51 – 54.

[91] 吴铮争，吴殿廷，袁俊，等. 中国汽车产业地理集中及其影响因素研究 [J]. 中国人口·资源与环境，2008，18（1）：116 – 121.

[92] 伍新木. 开发区的理论与实践 [J]. 经济评论，1995（5）：1 – 9.

[93] 冼国明，文东伟. FDI、地区专业化与产业集聚 [J]. 管理世界，2006（12）：18 – 31.

[94] 谢品，李良智，赵立昌. 江西省制造业产业集聚、地区专业化与经济增长实证研究 [J]. 经济地理，2013，33（6）：103 – 108.

[95] 徐琴. 从横向协作、竞合联盟到区域共同体的长三角一体化发展 [J]. 现代经济探讨，2019（9）：25 – 28.

[96] 徐维祥，张筱娟，刘程军. 长三角制造业企业空间分布特征及其影响机制研究：尺度效应与动态演进 [J]. 地理研究，2019，38（5）：1236 – 1252.

[97] 闫东升，陈雯，李平星. 基于人口分布空间特征的市民化压力研究 [J]. 地理研究，2015，34（9）：1733 – 1743.

[98] 姚敏. 中国产业集聚、地区专业化研究 [D]. 兰州：兰州大学，2008.

[99] 尹希果，刘培森. 城市化、交通基础设施对制造业集聚的空间效应 [J]. 城市问题，2014（11）：13 – 20.

[100] 袁瑞娟，宁越敏. 全球化与发展中国家的城市发展 [J]. 城市问题，1999（5）：8 – 11，19.

[101] 袁园. 我国制造业集聚的时空演进特征与影响因素研究 [D]. 武汉：华中师范大学，2013.

[102] 袁冬梅，信超辉，袁琓. 产业集聚模式选择与城市人口规模变

化——来自 285 个地级及以上城市的经验证据［J］．中国人口科学，2019
（6）：46 – 58，127.

［103］张凡，宁越敏．全球生产网络、航空网络与地方复合镶嵌的战略
耦合机理［J］．南京社会科学，2019（6）：50 – 58.

［104］张凡，宁越敏，娄曦阳．中国城市群的竞争力及对区域差异的影
响［J］．地理研究，2019，38（7）：1664 – 1677.

［105］张杰，唐根年．浙江省制造业空间分异格局及其影响因素［J］．
地理科学，2018，38（7）：1107 – 1117.

［106］张洁妍．开发区与城市互动发展问题研究［D］．长春：吉林大
学，2016.

［107］张廷海，王点，宋顺锋．中国应急产业集聚的增长效应及其影响
因素——基于 2005—2014 年面板数据的空间计量分析［J］．财贸研究，
2018，29（9）：42 – 54，75.

［108］张欣炜，宁越敏．中国大都市区的界定和发展研究——基于第六
次人口普查数据的研究［J］．地理科学，2015，35（6）：665 – 673.

［109］张旭亮．从本地市场到新国际劳动分工［D］．上海：华东师范大
学，2011.

［110］张学良，李丽霞．长三角区域产业一体化发展的困境摆脱［J］．
改革，2018（12）：72 – 82.

［111］赵伟，张萃．FDI 与中国制造业区域集聚：基于 20 个行业的实证
分析［J］．经济研究，2007（11）：82 – 90.

［112］郑国，邱士可．转型期开发区发展与城市空间重构——以北京市
为例［J］．地域研究与开发，2005，24（6）：39 – 42.

［113］周慧．江苏省制造业地区专业化与产业集聚的实证分析［J］．阅
江学刊，2009，1（1）：44 – 50.

［114］Abdel-Rahman H M. When do cities specialize in production?［J］.
Regional Science and Urban Economics，1996，26（1）：1 – 22.

［115］Abdel-Rahman H M，Fujita M. Specialization and diversification in a
system of cities［J］. Journal of Urban Economics，1993，33（2）：189 – 222.

［116］Aiginger K，Davies S W. Industrial specialisation and geographic concentration: two sides of the same coin? Not for the European Union [J]. Journal of Applied Economics, 2004, 7 (2): 231 – 248.

[117] Aiginger K, Rossi-Hansberg E. Specialization and concentration: a note on theory and evidence [J]. Empirica, 2006, 33 (4): 255 – 266.

[118] Alfaro L, Charlton A. Intra-industry foreign direct investment [J]. American Economic Review, 2009, 99 (5): 2096 – 2119.

[119] Altonji J G, Card D. The effects of immigration on the labor market outcomes of less-skilled natives. Immigration, trade, and the labor market [M]. Chicago: University of Chicago Press, 1991: 201 – 234.

[120] Appelbaum R P, Christerson B. Cheap labor strategies and export-oriented industrialization: some lessons from the Los Angeles/East Asia apparel connection [J]. International Journal of Urban and Regional Research, 1997, 21 (2): 202 – 217.

[121] Bai C-E, Du Y, Tao Z, et al. Local protectionism and regional specialization: evidence from China's industries [J]. Journal of International Economics, 2004, 63 (2): 397 – 417.

[122] Balassa B. An empirical demonstration of classical comparative cost theory [J]. The Review of Economics and Statistics, 1963, 45 (3): 231 – 238.

[123] Belderbos R, Du H S, Goerzen A. Global cities, connectivity, and the location choice of MNC regional headquarters [J]. Journal of Management Studies, 2017, 54 (8): 1271 – 1302.

[124] Betrán C. Regional specialisation and industry location in the long run: Spain in the US mirror (1856 – 2002) [J]. Cliometrica, 2011, 5 (3): 259 – 290.

[125] Bos J W, Economidou C, Zhang L. Specialization in the presence of trade and financial openness [J]. Empirical Economics, 2019 (5): 1 – 34.

[126] Boschma R, Frenken K. The emerging empirics of evolutionary economic geography [J]. Journal of Economic Geography, 2011, 11 (2): 295 – 307.

[127] Boudeville J R. L'Espace et les Pôles de Croissance [M]. Paris: Presse Universitaire de France, 1968.

［128］ Buckley P J. The impact of the global factory on economic development ［J］. Journal of World Business, 2009, 44 (2): 131 –143.

［129］ Burger M, Oort F V and Knaap B. A treatise on the scale-dependency of agglomeration externalities and the modifiable areal unit problem ［J］. Working Paper, 2007: 1 –37.

［130］ Carr D L, Markusen J R, Maskus K E. Estimating the knowledge-capital model of the multinational enterprise ［J］. American Economic Review, 2001, 91 (3): 693 –708.

［131］ Ceapraz I L. The concepts of specialisation and spatial concentration and the process of economic integration: theoretical relevance and statistical measures ［J］. Romanian Journal of Regional Science, 2008, 2 (1): 68 –93.

［132］ Cheng Y, LeGates R. China's hybrid global city region pathway: Evidence from the Yangtze River Delta ［J］. Cities, 2018, 77 (7): 81 –91.

［133］ Cho D-S, Moon H-C. From Adam Smith to Michael Porter: evolution of competitiveness theory ［M］. Singapore: World Scientific, 2000.

［134］ Coe N M, Kelly P F, Yeung H W. Economic geography: a contemporary introduction ［M］. Oxford: Blackwell Publishing, Oxford John Wiley & Sons press, 2019.

［135］ Colby C C. Centrifugal and centripetal forces in urban geography ［J］. Annals of the Association of American Geographers, 1933, 23 (1): 1 –20.

［136］ Dalum B, Villumsen G. Stability and uniqueness of OECD export specialization: relations to the convergence-divergence debate? ［M］. Oslo: Leangkollen, 1995.

［137］ Dauth W, Findeisen S, Suedekum J. The rise of the East and the Far East: German labor markets and trade integration ［J］. Journal of the European Economic Association, 2014, 12 (6): 1643 –1675.

［138］ Dauth W, Suedekum J. Globalization and local profiles of economic growth and industrial change ［J］. Journal of Economic Geography, 2015, 16 (5): 1007 –1034.

［139］ Dekle R, Eaton J. Agglomeration and land rents: evidence from the prefectures [J]. Journal of Urban Economics, 1999, 46 (3): 200 – 214.

[140] Delgado M, Porter M E, Stern S. Clusters, convergence, and economic performance [J]. Research policy, 2014, 43 (10): 1785 – 1799.

[141] Dicken P. Global shift: reshaping the global economic map in the 21st century [M]. London: Thousand Oaks, Calif. : Sage Publications, 2003.

[142] Guo D, Jiang K, Xu C, et al. Clustering, growth and inequality in China [J]. Journal of Economic Geography, 2020, 20 (1): 1 – 33.

[143] Dogaru T, Oort F V, Thissen M. Agglomeration economies in European regions: perspectives for objective 1 regions [J]. Tijdschrift voor Economische en Sociale Geografie, 2011, 102 (4): 486 – 494.

[144] Dosi G, Pavitt K, Soete L. The economics of technical change and international trade [M]. Pisa: LEM Book Series, 1990.

[145] Douglass M. Mega-urban regions and world city formation: Globalisation, the economic crisis and urban policy issues in Pacific Asia [J]. Urban Studies, 2000, 37 (12): 2315 – 2335.

[146] Dunning J H. International production and the multinational enterprise (RLE international business) [M]. London: Routledge, 1981.

[147] Dunning J H. Global capitalism, FDI and competitiveness [M]. London: Edward Elgar Publishing, 2002.

[148] Duranton G, Puga D. Diversity and specialisation in cities: why, where and when does it matter? [J] Urban Studies, 2000, 37 (3): 533 – 555.

[149] Duranton G, Puga D. Nursery cities: urban diversity, process innovation, and the life cycle of products [J]. American Economic Review, 2001, 91 (5): 1454 – 1477.

[150] Ellison G and Glaeser E L. Geographic concentration in US manufacturing industries: a dartboard approach [J]. Journal of Political Economy, 1997, 105 (5): 889 – 927.

[151] Ethier W J. National and international returns to scale in the modern theory of international trade [J]. The American Economic Review, 1982, 72 (3): 389 – 405.

［152］ Ezcurra R, Pascual P, Rapún M. Regional specialization in the European Union ［J］. Regional Studies, 2006, 40 (6): 601 - 616.

［153］ Falcioğlu P, Akgüngör S. Regional specialization and industrial concentration patterns in the Turkish manufacturing industry: an assessment for the 1980 - 2000 period ［J］. European Planning Studies, 2008, 16 (2): 303 - 323.

［154］ Florida R. Agglomeration and industrial location: an econometric analysis of Japanese-affiliated manufacturing establishments in automotive-related industries ［J］. Journal of Urban Economics, 1994, 36 (1): 23 - 41.

［155］ Folta T B, Cooper A C, Baik Y S. Geographic cluster size and firm performance ［J］. Journal of Business Venturing, 2006, 21 (2): 217 - 242.

［156］ Franceschi F, Mussoni M, Pelloni G. A note on new measures of agglomeration and specialization ［J］. Working Paper, 2009: 1 - 16.

［157］ Friedmann J. Urbanization, planning, and national development ［M］. London: Sage publications, 1973.

［158］ Frigant V, Layan J B. Modular production and the new division of labour within Europe: the perspective of French automotive parts suppliers ［J］. European Urban and Regional Studies, 2009, 16 (1): 11 - 25.

［159］ Fujita M, Hu D. Regional disparity in China 1985 - 1994: The effects of globalization and economic liberalization ［J］. The Annals of Regional Science, 2001, 35 (1): 3 - 37.

［160］ Fujita M, Krugman P R, Venables A. The spatial economy: cities, regions, and international trade ［M］. Cambridge: MIT press Books, 1999.

［161］ Gómez-Zaldívar M, Mosqueda M T, Alejandra Duran J. Localization of manufacturing industries and specialization in Mexican states: 1993 - 2013 ［J］. Regional Science Policy & Practice, 2017, 9 (4): 301 - 315.

［162］ Ge Y. Globalization and industry agglomeration in China ［J］. World development, 2009, 37 (3): 550 - 559.

［163］ Gordon I R, McCann P. Industrial clusters: complexes, agglomeration and/or social networks? ［J］. Urban Studies, 2000, 37 (3): 513 - 532.

［164］ Goschin Z, Constantin D, Roman M, et al. Regional specialization and geographic concentration of industries in Romania [J]. South-Eastern Europe Journal of Economics, 2009, 7 (1): 99 – 113.

[165] Hallet M. Regional specialisation and concentration in the EU [J]. Regional Convergence in the European Union, 2002: 53 – 76.

[166] Hanson G H. Scale economies and the geographic concentration of industry [J]. Journal of Economic Geography, 2001, 3 (1): 255 – 276.

[167] Hanson G H, Mataloni R J, Slaughter M J. Expansion strategies of US multinational firms [M]. DC Washington: Brookings Institution Press, 2001.

[168] Hanson G H, Mataloni J R, Slaughter M J. Vertical production networks in multinational firms [J]. Review of Economics and statistics, 2005, 87 (4): 664 – 678.

[169] Harrigan J, Zakrajsek E. Factor supplies and specialization in the world economy [J]. Working Paper, 2000: 1 – 44.

[170] Hassink R, Gong H, Faller F. Can we learn anything from economic geography proper? Yes, we can! [J]. Working Paper, 2016: 1 – 17.

[171] He C, Pan F and Chen T. Research progress of industrial geography in China [J]. Journal of Geographical Sciences, 2016, 26 (8): 1057 – 1066.

[172] He C, Wei Y D and Pan F. Geographical concentration of manufacturing industries in China: The importance of spatial and industrial scales [J]. Eurasian Geography and Economics, 2007, 48 (5): 603 – 625.

[173] He C, Wei Y D and Xie X. Globalization, institutional change, and industrial location: Economic transition and industrial concentration in China [J]. Regional Studies, 2008, 42 (5): 923 – 945.

[174] He C and Xie X. Geographical concentration and provincial specialization of Chinese manufacturing industries [J]. Acta Geographica Sinica, 2006, 61 (2): 212 – 222.

[175] He C and Zhu S. Economic transition and industrial restructuring in China: Structural convergence or divergence? [J]. Post-communist economies, 2007, 19 (3): 317 – 342.

[176] Heckscher E. The effect of foreign trade on the distribution of income

[M]. Helpman, Elhanan, Growth, Technological Progress, and Trade. Cambridge: National Bureau of Economic Research, reprint 1145: 1988, 1919.

[177] Helpman E and Krugman P. Market structure and foreign trade: Increasing returns, imperfect competition, and the international economy [M]. Cambridge: MIT Press, 1985.

[178] Henderson JV. The sizes and types of cities [J]. American Economic Review, 1974, 64 (4): 640 – 656.

[179] Henderson JV. Urban development: Theory, fact, and illusion [M]. Oxford: OUP Catalogue, Oxford University Press, 1991.

[180] Henderson JV. Urbanization and thegeography of development [J]. Policy Research Working Paper, The World Bank, 2014: 1 – 29.

[181] Henderson JV, Shalizi Z and Venables AJ. Geography and development [J]. Journal of Economic Geography, 2001, 3 (1): 81 – 105.

[182] Henderson V. Medium size cities [J]. Regional science and urban economics, 1997, 27 (6): 583 – 612.

[183] Hirschman. The strategy of econimic development [M]. Yale: Yale University Press, 1958.

[184] Hoover EM. Location theory and the shoe and leather industries [M]. Cambridge: Harvard University Press, 1937.

[185] Horstmann I J and Markusen J R. Endogenous market structures in international trade (natura facit saltum) [J]. Journal of International Economics, 1992 (32): 109 – 129.

[186] Hu S, Song W, Li C, et al. The Evolution of Industrial Agglomerations and specialization in the Yangtze River Delta from 1990 – 2018: An analysis based on firm-level big data [J]. Sustainability, 2019, 11 (5811): 1 – 21.

[187] Isard W. The General theory of location and space-economy [J]. The Quarterly Journal of Economics, 1949, 63 (4): 476 – 506.

[188] Jacobs J. The economy of cities [M]. New York: Vintage, 1969.

[189] Jones R W. A framework for fragmentation [J]. Working Paper, 2000: 1 – 5.

[190] Kemeny T and Storper M. Is specialization good for regional economic development? [J]. Regional Studies, 2015, 49 (6): 1003 –1018.

[191] Khan AM and Rider M. The Impact ofglobalization on agglomeration: the case of US manufacturing employment from 1988 to 2003 [J]. Working Paper, 2010: 1 –36.

[192] Kim S. Expansion of markets and the geographic distribution of economic activities: the trends in US regional manufacturing structure, 1860 – 1987 [J]. The Quarterly Journal of Economics, 1995, 110 (4): 881 –908.

[193] Kitchin R, Thrift N. International encyclopedia of human geography [M]. Oxford: Elsevier, 2009.

[194] Kopczewska K, Churski P, Ochojski A, et al. Measuring regional specialisation: a new approach [M]. Berlin: Springer, 2017.

[195] Kozul-Wright R, Rowthorn R. Spoilt for choice? Multinational corporations and the geography of international production [J]. Oxford Review of Economic Policy, 1998, 14 (2): 74 –92.

[196] Krätke S. Metropolisation of the European economic territory as a consequence of increasing specialisation of urban agglomerations in the knowledge economy [J]. European planning studies, 2007, 15 (1): 1 –27.

[197] Krieger-Boden C. Globalization, integration and regional specialization [J]. Working Paper, 2000: 1 –43.

[198] Krugman P. Increasing returns and economic geography [J]. Journal of political economy, 1991, 99 (3): 483 –499.

[199] Krugman P, Venables A J. Integration and the competitiveness of peripheral industry [J]. Working Paper, 1990: 56 –77.

[200] Krugman P, Venables A J. Globalization and the inequality of nations [J]. The Quarterly Journal of Economics, 1995, 110 (4): 857 –880.

[201] Krugman P. Increasing returns, monopolistic competition, and international trade [J]. Journal of International Economics, 1979 (9): 469 –479.

[202] Krugman P. Geography and trade [M]. Cambridge: MIT press, 1993.

[203] Kuncoro M, Wahyuni S. FDI impacts on industrial agglomeration: the

case of Java, Indonesia [J]. Journal of Asia Business Studies, 2009 (3): 65 – 77.

[204] Landry C. The creative city [M]. London: Comedia Earthscan, 2000.

[205] Li J, Geng S. Industrial clusters, shared resources and firm performance [J]. Entrepreneurship & Regional Development, 2012, 24 (5): 357 – 381.

[206] Liang Z and Xu L. Regional specialization and dynamic pattern of comparative advantage: evidence from china's industries 1988 – 2001 [J]. Review of Urban & Regional Development Studies, 2004, 16 (3): 231 – 244.

[207] Lin J Y and Liu Z. Fiscal decentralization and economic growth in China [J]. Economic Development and Cultural Change, 2000, 49 (1): 1 – 21.

[208] Liu Z. Geographical concentration of manufacturing industries in China—measurements and determinants. (Doctoral Dissertations), Connecticut: University of Connecticut, 2013.

[209] Livas-Elizondo R, Krugman P. Trade policy and the third-world metropolis [J]. Journal of Development Economics, 1996, 49 (1): 137 – 150.

[210] Lu J. Agglomeration of economic activities in China: Evidence from establishment censuses [J]. Regional Studies, 2010, 44 (3): 281 – 297.

[211] MacDougall G. British and American Exports: Astudy suggested by the theory of comparative costs [J]. The Economic Journal, 1952, 62 (244): 487 – 521.

[212] Macheras A, Stanley M. Diversification and specialization across urban areas [J]. Econ Focus, 2017 (4): 36 – 39.

[213] Makino S, Lau C M, Yeh R S. Asset-exploitation versus asset-seeking: Implications for location choice of foreign direct investment from newly industrialized economies [J]. Journal of international business studies, 2002, 33 (3): 403 – 421.

[214] Malmberg A. Industrial geography: agglomeration and local milieu [J]. Progress in Human Geography, 1996, 20 (3): 392 – 403.

[215] Malmberg A, Malmberg B, Lundequist P. Agglomeration and firm performance: economies of scale, localisation, and urbanisation among Swedish export firms [J]. Environment and Planning A, 2000, 32 (2): 305 – 321.

［216］Malmberg A, Maskell P. Towards an explanation of regional specialization and industry agglomeration ［J］. European planning studies, 1997, 5 （1）: 25 – 41.

［217］Markusen J R. The boundaries of multinational enterprises and the theory of international trade ［J］. Journal of economic perspectives, 1995, 9 （2）: 169 – 189.

［218］Marshall A. Principles of economics ［M］. London: Macmillan, 1890.

［219］Martin R, Sunley P. Paul Krugman's geographical economics and its implications for regional development theory: a critical assessment ［J］. Economic geography, 1996, 72 （3）: 259 – 292.

［220］Moga L M, Constantin D L. Specialization and geographic concentration of the economic activities in the romanian regions ［J］. Journal of Applied Quantitative Methods 6, 2011, 6 （2）: 12 – 21.

［221］Moomaw R L. Agglomeration economies: localization or urbanization? ［J］. Urban Studies, 1988, 25 （2）: 150 – 161.

［222］Murray A T, Liu Y, Rey S J, et al. Exploring movement object patterns ［J］. The Annals of Regional Science, 2012, 49 （2）: 471 – 484.

［223］Myrdal G. Economictheory and underdeveloped regions ［M］. London: Buckworth, 1957.

［224］Na Z. The city network and the regional evolution in Yangtze river delta, China （Doctoral Dissertation）. Milan: Polytechnic University of Milan, 2014.

［225］Nee V. A theory of market transition: From redistribution to markets in state socialism ［J］. American sociological review, 1989, 54 （5）: 663 – 681.

［226］O'Donoghue D, Townshend I. Diversification, specialization, convergence and divergence of sectoral employment structures in the British urban system, 1991 – 2001 ［J］. Regional Studies, 2005, 39 （5）: 585 – 601.

［227］Ohlin B. Interregional and international trade ［M］. Cambridge: Harvard University Press, 1935.

［228］ Oi J C. The role of the local state in China's transitional economy ［J］. The China Quarterly, 1995, 144 （2）: 1132 – 1149.

［229］ Palan N. Measurement of specialization the choice of indices ［J］. working Paper, 2010: 1 – 38.

［230］ Paluzie E, Pons J, Tirado D A. Regional integration and specialization patterns in Spain ［J］. Regional Studies, 2001, 35 （4）: 285 – 296.

［231］ Parker R, Tamaschke L. Explaining regional departures from national patterns of industry specialization: regional institutions, policies and state coordination ［J］. Organization Studies, 2005, 26 （12）: 1787 – 1807.

［232］ Pavlinek P. Restructuring and internationalization of the European automotive industry ［J］. Journal of Economic Geography, 2020, 20 （1）: 509 – 541.

［233］ Peker Z. Specialization, diversity, and region size ［J］. Vizyoner Dergisi, 2012, 3 （6）: 1 – 25.

［234］ Perroux F. Economic space: theory and application ［J］. The Quarterly Journal of Economics, 1950, 64 （1）: 89 – 104.

［235］ Poncet S. Provincial migration dynamics in China: borders, costs and economic motivations ［J］. Regional science and urban economics, 2006, 36 （3）: 385 – 398.

［236］ Porter M E. The Economic Performance of Regions ［J］. Regional Studies, 2003, 37 （6）: 549 – 578.

［237］ Portes A. Globalization from below: the rise of transnational communities ［M］. Greenwood Press, 1996: 151 – 168.

［238］ Quigley J M. Urban diversity and economic growth ［J］. Journal of economic perspectives, 1998, 12 （2）: 127 – 138.

［239］ Razin A, Sadka E. Transparency, specialization and FDI ［J］. Working Paper, 2004: 1 – 26.

［240］ Renner G T. Some principles and laws of economic geography ［J］. Journal of Geography, 1950 （49）: 14 – 22.

［241］ Rey S J, Murray A T, Anselin L. Visualizing regional income distribution dynamics ［J］. Letters in Spatial and Resource Sciences, 2011, 4 （1）:

81 - 90.

［242］ Ricardo D. Principles ofpolitical economy and taxation ［M］. London: John Murray, 1817.

［243］ Ricci L A. Economic geography and comparative advantage: agglomeration versus specialization ［J］. European Economic Review, 1999, 43 （2）: 357 - 377.

［244］ Richardson HW. Economies and diseconomies of agglomeration （Urban agglomeration and economic growth） ［M］. Berlin: Springer, 1995.

［245］ Rodriguez NP, Feagin JR. Urban specialization in the world-system: An investigation of historical cases ［J］. Urban Affairs Quarterly, 1986, 22 （2）: 187 - 220.

［246］ Scott A J. Industrial organization and location: division of labor, the firm, and spatial process ［J］. Economic Geography, 1986a, 62 （3）: 215 - 231.

［247］ Scott A J. Industrialization and urbanization: a geographical agenda ［J］. Annals of the Association of American Geographers, 1986b, 76 （1）: 25 - 37.

［248］ Scott A J. Flexible production systems and regional development: the rise of new industrial spaces in North America and Western Europe ［J］. International Journal of Urban and Regional Research, 1988, 12 （2）: 171 - 186.

［249］ Smith A. An inquiry into the nature and causes of the wealth of nations ［M］. London: George Routledge and Sons, 1776.

［250］ Smith A, Stewart D. An Inquiry into the nature and causes of the wealth of nations ［M］. Wiley Online Library, 1963.

［251］ Sternberg R, Litzenberger T. Regional clusters in Germany—their geography and their relevance for entrepreneurial activities ［J］. European Planning Studies, 2004, 12 （6）: 767 - 791.

［252］ Storper M. The regional world: territorial development in a global economy ［M］. New York: Guilford press, 1997.

［253］ Storper M. Why does a city grow? Specialisation, human capital or institutions? ［J］. Urban Studies, 2010, 47 （10）: 2027 - 2050.

［254］ Storper M, Chen Yc, De Paolis F. Trade and the location of industries in the OECD and European Union [J]. Journal of Economic Geography, 2002, 2 (1): 73 – 107.

[255] Su H. Urban specialization of Chinese cities [J]. Chinese Journal of Urban and Environmental Studies, 2018 (6): 1 – 18.

[256] Suedekum J. Concentration and specialization trends in Germany since re-unification [J]. Regional Studies, 2006, 40 (8): 861 – 873.

[257] Tabuchi T, Thisse J F. Regional specialization, urban hierarchy, and commuting costs [J]. International Economic Review, 2006, 47 (4): 1295 – 1317.

[258] Timmer M P, Erumban AA, Los B, et al. Slicing up global value chains [J]. Journal of Economic Perspectives, 2014, 28 (2): 99 – 118.

[259] Traistaru I, Nijkamp P, Longhi S. Regional specialization and concentration of industrial activity in accession countries. Working Paper [J], 2002: 1 – 34.

[260] Tuan C, Ng LF-Y. The place of FDI in China's regional economic development: emergence of the globalized delta economies [J]. Journal of Asian Economics, 2007, 18 (2): 348 – 364.

[261] Vechiu N, Makhlouf F. Economic integration and specialization in production in the EU27: does FDI influence countries' specialization? [J]. Empirical Economics, 2014, 46 (2): 543 – 572.

[262] Viladecans-Marsal E. Agglomeration economies and industrial location: city-level evidence [J]. Journal of Economic Geography, 2004, 4 (5): 565 – 582.

[263] Vogiatzoglou K. Agglomeration or dispersion? Industrial specialization and geographic concentration in NAFTA [J]. Journal of Economic Intergration, 2006 (21): 379 – 396.

[264] Vogiatzoglou K, Tsekeris T. Spatial agglomeration of manufacturing in Greece: sectoral patterns and determinants [J]. European Planning Studies, 2013, 21 (12): 1853 – 1872.

[265] Wang Y, Ning L, Li J, et al. Foreign direct investment spillovers and the geography of innovation in Chinese regions: the role of regional industrial

specialization and diversity [J]. Regional Studies, 2016, 50 (5): 805 – 822.

[266] Wei Y D. Decentralization, marketization, and globalization: the triple processes underlying regional development in China [J]. Asian Geographer, 2001, 20 (1): 7 – 23.

[267] Wei Y D. Regional development in China: transitional institutions, embedded globalization, and hybrid economies [J]. Eurasian Geography and Economics , 2007, 48 (1): 16 – 36.

[268] Wu F. Transition of the Yangtze River Delta [M]. Berlin: Springer, 2015.

[269] Wu J, Wei Y D, Li Q, et al. Economic transition and changing location of manufacturing industry in China: a study of the Yangtze River Delta [J]. Sustainability, 2018, 3899 (10): 2624 – 2651.

[270] Wu R, Yang D, Zhang L, et al. Spatio-temporal patterns and determinants of inter-Provincial migration in China 1995 – 2015 [J]. Sustainability, 2018, 3899 (10): 1 – 18.

[271] Xu W, Pan Z, Wang G. Market transition, labor market dynamics and reconfiguration of earning determinants structure in urban China [J]. Cities, 2018, 79 (9): 113 – 123.

[272] Yang R, He C. The productivity puzzle of C hinese exporters: perspectives of local protection and spillover effects [J]. Papers in Regional Science, 2014, 93 (2): 367 – 384.

[273] Ye X, Rey S. A framework for exploratory space-time analysis of economic data [J]. The Annals of Regional Science, 2013, 50 (1): 315 – 339.

[274] Yeh Anthony Gar-On, Chen Zifeng. From cities to super mega city regions in China in a new wave of urbanisation and economic transition: issues and challenges [J]. Urban studies, 2020, 57 (3): 636 – 654.

[275] Zhang X, Cheung DM-W, Sun Y, et al. Political decentralization and the path-dependent characteristics of the state authoritarianism: an integrated conceptual framework to understand China's territorial fragmentation [J]. Eurasian Geography and Economics, 2019, 60 (5): 1 – 34.

［276］ Zhu S，He C. Geographical dynamics and industrial relocation：Spatial strategies of apparel firms in Ningbo，China ［J］. Eurasian Geography and Economics，2013，54（3）：342－362.

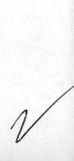